JN017617

石井 勉 編著
青梅算数研究会 著

「しかけ」でつくる算数の深い学び

明治図書

は じ め に

　本書は，平成30年度から２年間，青梅市教育研究会算数部のメンバーを中心とした青梅算数研究会として取り組んできた成果をまとめたものである。編著者である石井勉先生には，研究を推進させるため，毎月の研究会に参加いただいた。熱心な議論を通じて，新学習指導要領改訂の時代にふさわしい本書をつくり上げることができた。

　学力調査の結果や日々の授業での課題を話し合い，「学ぶ楽しさを味わわせたい」「考えたくなる・言いたくなる授業を目指したい」という願いの実現や，新学習指導要領の改訂を視野に入れ，「『しかけ』でつくる算数の深い学び」とテーマを設定した。こういったアクティブ・ラーニングの視点に立った授業改善を行うことで，生きて働く「知識・技能」の習得，未知の状況でも対応できる「思考力・判断力・表現力等」の育成，学びを人生や社会に生かそうとする「学びに向かう力・人間性等」など，これからの時代に求められる資質・能力を育成できると考えた。

　本書「第１章　問題解決的な算数授業づくりの基礎・基本」では，学習過程における基本的な考え方を述べている。どのように問題解決的な学習を展開していくのか，特に算数の学習に興味をもち始めた先生は必読である。「第２章　深い学びを実現するための授業のしかけ」では，先生方のしかけで指導が変わると考え，実践例を通して紹介していく。ぜひ日々の授業に役立てていただきたい。教師は主体的・対話的で深い学びを実現できるよう指導のより一層の充実を図らなければならない。継続した指導を通して，子供が自ら既習事項に立ち返り，新たな課題に挑戦する主体的な姿勢を育み，対話の中で協働して課題解決をしていく自立した学習者に育てていくことが大切である。

　研究を推進するにあたり，また本書を出版するにあたり，石井勉先生，曾我泉先生，明治図書の関係各位に心より深く感謝申し上げる。

令和２年３月

蓮尾　幸枝

CONTENTS

第 ③ 章　しかけでつくる　算数の深い学びの具体例

第5節　第5学年における具体例

第6節　第6学年における具体例

参考・引用文献

おわりに

第1章
問題解決的な算数授業づくりの基礎・基本

❶ 問題・課題把握の指導における基礎・基本

　算数の授業は問題提示から始められるが，提示と言っても普通はいきなり問題を板書したり掲示したりしない。それ故に，これは問題設定とか，問題・課題把握と言われる。導入，展開，まとめという言葉を使うことがあるが，算数科は問題解決型の授業が多いことから，問題・課題把握などの言葉を使う方が一般的である。この問題・課題把握の段階には，大切な3つの目的があると言われている。

　第1の目的は，動機付けである。授業で主として扱う問題に関する興味・関心を，子供がもつように指導することが，動機付けと言われる。キャラクターやゲームで導入する先生もいるが，できるだけ算数の内容そのもので動機付けしたい。

　第2の目的は，内容の方向付けである。その授業の中で学習する対象を示唆することが，この目的である。学習の対象が皆目見当つかない状態では，自力解決は順調に進みそうにない。一方，学習の対象がミエミエでは，ワクワク感もドキドキ感もないに等しい。明示的に示唆するか，暗示的に示唆するかは別にして，その塩梅が非常に重要である。

　第3の目的は，解決方法の方向付けである。数直線に表すとか，対応表に整理してみようといった，その後の自力解決での解決方法に気付くよう暗示することである。

　しばしば「どうやって答えを導けばよいと思いますか？」といった発問がなされる。そして，出来がよいと思われる子供が，核心的なことを発言する。それを聞いた周囲の子供が一斉に自力解決に向かっていくという授業が，少なくない。これはできる子供が教師の代弁をしているに過ぎず，体のよい間接的な教え込みに他ならない。

また，「式はどうなりますか？」という発問も，しばしばなされる。これは式を明確にして（中間的におさえ），計算の仕方に焦点化しようとする指導である。しかし，これは演算決定という指導のポイントを逃すことにもなりかねない。

　学力向上の施策として最近は広く取り入れられている課題やめあては，授業の冒頭，遅くても自力解決が始まる前までに，多くの場合は設定される。この授業の課題は授業のまとめの指導とタイアップした関係にあり，結果として授業のはじめと終わりをコントロールする機能がある。したがって，授業がすぐに変化することから，授業改善を目的とした施策となるわけである。

　しかし，多くの授業では課題が十分に機能していない。授業の冒頭で課題を板書しても，ほとんどの場合で無意味であったり，教師が一方的に提示するがために，子供にとって不自然であったり，課題として提示するよりも，問題の一部として位置付けた方が効果的であったりするなど，課題の存在意義が疑われるケースがほとんどである。この点で，適切な課題を設定することが求められる。

　有意味で問題解決に有効に機能する課題は，本時の指導内容や解決方法に深く依存していることは言うまでもない。したがって，内容の方向付けと方法の方向付けが，課題設定に寄与していると指摘できる。また，課題設定にはできる限り意味のある内容を考慮する必要がある。問題の中に含まれているものは排除することが望ましく，その設定のタイミングは慎重に決定される必要がある。

　一方，算数科における問題が授業の中で果たす役割は，他の何と比べても絶大である。これは問題を解決することで，集団検討が発生し，まとめへと進行する問題解決の授業の本性に他ならない。その問題が備えるべき条件は，本時の目標に迫ることができること，適度な困難性があること，多様な解決が可能なこと，解決結果を他者に話したくなることであると指摘されている（石井；2014，2015）。

（石井　勉）

❷ 自力解決の指導における基礎・基本

　子供には，学力差や学習の進度の差などの，様々な個人差がある。個人差に応じる指導を一斉指導の中でするには無理がある。そこで，個別の指導を一斉指導の中に適切に位置付けて，個に応じた指導を充実する必要がある。

　自力解決における指導の基本は，一人一人に対する机間指導である。机間指導では，解決に苦労している子供には手助けとなる指導を，解決が終わってしまった子供には発展的な指導をしていく。子供が修正している間に，他の子供の指導を一通り済ませ，また指導を加える。

　この机間指導を，まず学級全員に対して行っていく。指導の漏れがないように順序よく教室の端から指導するのが普通である。しかし，指導を要する子供から机間指導を始めることもある。そのようなときは，すかさず他の子供たち全員の机間指導を行う。これが終わったら2巡目，3巡目と繰り返していく。そして，1巡目の指導の変容を2巡目以降に確認する。

　この机間指導の回数が多いほど自力解決が充実することは明らかである。したがって，十分な机間指導が可能になるように，ある程度の時間，10〜15分程度は自力解決の時間を確保したいものである。

　また，学習に遅れがあるすべての子供に個別に対応しきれない授業も想定される。そのような場合は，ヒントカードや，小集団指導，ヒントコーナーを設定するなど様々な指導の工夫が考えられる。

　自力解決における教師の役割として，その後の集団検討で取り上げる多様な解決方法をどの子供にそれぞれ発表ボードに記入させ，説明させるかを決めておくことが欠かせない。中には，子供たちに挙手させて発表したい子供に内容と順序を任せる先生がおられるが，取り上げる順序は理解が易しい解決から難しい解決へと進んだ方が，その解決をしていない子供には理解しやすいものである。この点で，計画的で意図的な指導をするために，自力解決の机間指導をしながら，発表ボードに記入する子供と説明する子供を決めておくことが，授業づくりの基本としては必要である。

　説明させる子供を決め，板書を依頼しておく際の失敗例はいくつかある。

正しい解決だと思っていたら間違っていたり，同じ解決の発表を2人の子供に依頼していたり，依頼した解決とは別のものを子供が勝手に板書していたり，授業展開の上で欠かせない解決の発表を依頼し忘れていたりすることが典型的である。第1例に関しては判断が分かれるところだが，間違っていることが指摘されると，板書を依頼されることが子供にとって望ましくないものになる可能性がある。学級経営上も避けたい事例であろう。

　取り上げたい解決を取り上げられないと，授業設計が大きく狂う。取り上げるべき解決を，確実に依頼することが大切である。そのために，複数の解決を書いている子供には，記入するものを指定すること等が有効である。

　算数の授業名人と言われる先生方の中で異彩を放つのが，集団検討の指導が上手な先生方である。挙手した子供を指名しながら集団検討を進めていくわけであるが，ごく稀に挙手していない子供を前触れもなく指名して発言させる先生がおられる。そのようなときは，授業後に必ず授業者に指名の意図を尋ねることにしている。この先生方が口をそろえて，そのタイミングでその子供に発言させたかったが，挙手していなかったので仕方なく指名したとお答えになる。その子供の発言がありふれたものではなく，多くは集団検討をリファインするような鋭い発言であったり，他は気付いていない興味深い見方をした発言であったりする。授業者は机間指導の際のノートの記述や指導プロセスの中で，その子供の発言内容を十分に知っていたと気付かされる。

　ある先生にこの件をインタビューしてみると，机間指導の際にまずA君が発言して，次がBさん，その次がC君…，違う話題ではまずKさん，次がL君，その次がMさん…という具合に，複数の指名計画をつくっているということであった。これは，子供たちの挙手の具合を見ながら指名計画に沿って，時には修正しながら集団検討を指導するというものである。

　算数授業の上級者たちと同じ指導をするのは，容易いことではない。指名計画を立案する前に，まずは発言させたい子供を探すことが肝要であるし，是非とも話を聞いてみたい子供を覚えておくことが第一歩である。なぜなら，自力解決が授業のヤマ場である集団検討を支えるからである。　　　（石井　　勉）

❸ 集団検討の指導における基礎・基本

　多くの授業の集団検討の指導は，自力解決で導かれた複数の解決の説明から始められる。解決を書いた子供本人が説明するか，その解決を考えた他の子供かは別にして，まず解決の手順から説明を始めていく。

　残念なことに，多くの子供はこの友人の説明が聞けない。子供が教師の話を聞くのは当たり前としても，友人の話を聞けるようになると，授業から1人の子供が得る情報量は格段に増加する。この増加量に比例して，授業での学習量も著しく増加するものである。学力向上の点からも，この場面で確実に話を聞き理解できるように指導することが欠かせない。

　集団検討における指導，特に集団検討の前半部における指導の重点は，この説明に引き続く質疑応答に他ならない。説明した子供は質問を受け付け，それぞれの質問に答えていく。説明者の手にあまる質問であれば，他の子供が代弁することも許容する。一方，子供だけで解決ができなければ，教師が介入するのも悪くない。ここまでを発表会的という批判もあるが，単なる発表会に終わるか，子供の主体的な話し合い活動となるかは，この質疑応答次第である。

　質疑応答に引き続く集団検討を，教師は発問によってコントロールしていく。他の表現と関連付ける発問や，他の表現に言い換える発問などがその典型であり，本時の目標に迫る発問がよい発問と言われる。

　教師の意思決定を研究した吉崎（1991）によれば，授業に関する教師の意思決定には，計画的意思決定と相互作用的意思決定があると指摘されている。計画的意思決定は授業実施前から計画的に決めているものだから，計画的意思決定による発問は事前に予定されていた発問ということになる。

　学習指導案の枚数を多くすること自体にはさほどの意味がないが，細かく詳細に記述することには大きな意義がある。詳細に書かれた学習指導案とは，教材研究の成果を記述する「単元設定の理由」や「教材観」と言われる内容に，深く多岐にわたる考察が記述されているものである。そして，本時の展開では説明や指示，発問の大部分が実際の言葉どおりに丁寧に記述されるも

のである。その上，「予想される児童の反応」として，ありとあらゆる子供の解決や発言，つまずきなどが記述されているものである。

この学習指導案に記述された発問が，計画的意思決定による発問に他ならない。様々な子供の反応を予想しながら検討された発問は，授業の成否を大きく分ける発問になるのである。

一方，相互作用的意思決定とは授業実施中になされる教師の意思決定であるから，相互作用的意思決定による発問とは授業実施中に創造された発問，もしくは計画的意思決定による発問を修正した発問と言うことができる。詳細な学習指導案を作成しても，授業は確実に学習指導案どおりにはならない。なぜなら，よい授業は子供の反応に基づいて行われるものだからである。したがって，計画的意思決定による発問だけで授業を構成することは，事実上困難である。仮にそのような授業をしたとすれば，それは子供を無視した授業と断ぜられる可能性がある。

相互作用的意思決定による発問を創造するときの最大のヒントは，子供たちにある。子供たちが発言したことやノートに記述したことを取り上げて，その詳細や意図，他との関連などを問う発問をするならば，その部分については少なくとも，子供の考えを十分に生かした授業と見なせるであろうし，子供の思考を尊重した授業と評価できるであろう。

一連の授業の中における，このヒントの鉱脈は，集団検討の前半に行われる質疑応答にある。質疑応答は個別に行われる指導ではなく，学級全体で共有されることを前提に行われる活動であるために，すべての子供にとって，発言するチャンスが広がるヒントの鉱脈なのである。質疑応答で交わされた発言の中から取り出して，「○○君が言っていた～は何と関係があるのだろう？」とか，「△△さんが書いていた計算は□□君がかいた図を使って説明できるでしょうか？」など，様々な発問が創造できる。いずれの発問をするかは，本時の目標と子供の実態により決まるわけだが，そのために，子供同士の質疑応答を傾聴する必要があるし，自力解決における，子供の解決が記されたノートを丁寧に観察することが欠かせない。　　　　　　　（石井　勉）

❹ まとめの指導における基礎・基本

　学習成果の確認に引き続いて実施される発展と習熟の指導は，授業によっては省略されたり，時間の関係で次時に回されたりすることも少なくない。結果として，実質的に学習成果の確認は授業の終末部の重要な位置を占める。「終わりよければ，すべてよし」という諺があるくらいだから，教師が学習成果を述べればよいわけではないし，教師が誘導すればよいというわけではない。この点で，授業の学習成果を教師が一方的に宣言したり，板書したりするという指導は望ましい指導とは言えないことに気付かされる。

　学習成果の確認の指導の基本は，授業の大切な事柄をノートに記述させてから，意図的に指名して学習成果に代える指導である。これは教師にとって望ましい発言を引き出しやすいという点でご都合主義的だが，学習成果の確認を計算どおりに時間内に終えるためには実質的である。他にも授業感想を書かせる指導や，算数日記を記述させる指導など，様々な取り組みがなされている。大切なのは，子供のために１時間の授業の成果をまとめることであり，可能な限り子供の手で学習成果の確認の場面をつくることである。

　学級の実態に応じてまとめの指導を工夫するのもよいだろう。例えば，問題づくりを試みるのも悪くないし，教室掲示をつくるのも実用的だし，算数新聞の記事を書いてみるのも興味深い指導を実現するであろう。教室の一部に算数コーナーをつくって，つくった問題や新聞などを掲示するのも子供の意欲を育てる効果がある。

　学習成果の確認の指導に引き続いて，学習成果をより一般的にしたり拡張したり，適用問題にいくつか取り組ませて学習成果を確認させるなどの指導がなされる。これらは発展や習熟と呼ばれる指導であり，時間が許す限りにおいて確実に位置付けたいものである。

　算数の教材は系統的に配列され，既習事項を用いて新しい算数がつくり出されることから，１時間で学習したことを発展的に考察することは有意義である。場合によっては次時の学習内容そのものになってしまうこともあるし，単元末の話題になることも考えられるし，次学年以降の内容になることさえ

も考えられる。これらの活動は学ぶ必要感を高めると同時に，子供の主体的な学びそのものとして価値がある。場合によっては，その1時間で扱うことができずに家庭学習に引き継がれることもあるだろう。その場合の家庭学習は，真の意味で主体的な家庭学習と言える。

しばしば，分かる授業がよい授業であると言われる。しかし，すべてが授業中に分かってしまうのでは，少し寂しい気もする。教科書に書かれていることが分からないのでは困るが，少しくらいの課題が残った方が子供は探求心をもって学習に取り組むものである。

以上のように考えてみると，授業は教科書の内容を超えて，発展的な内容を含めて構成されることが望ましいと気付かされる。教科書の範囲はすべての子供たちが授業中に分かることが必要であり，教科書を超えた発展的な内容の中に子供が課題を感じる状況をつくり出すこと，これこそが教師に求められる役割のように思えてくる。この発展的な指導をするのが，ここでのまとめの指導である。

このような課題意識をもった子供は，授業が終わるとよく理解できなかった発言をした友人に問いかけたり，説明を求めたりするものである。場合によっては，授業が終わっても問題を黙々と解き続けたり，議論の続きを試みたりする子供が現れる。

そして，このような活動は家庭学習に引き継がれる。兄に疑問をぶつけてみたり，インターネットで検索してみたり，父に教えを乞うこともあるだろう。これらは，主体的・対話的で深い学びに他ならない。

一方，習熟の指導では適用問題に取り組むことが一般的である。必要以上に練習させないことと，必要な練習量を確保することという，相反する立場からコントロールする必要がある。本時で学習したことを使ってみて，確かめるという立場から，問題意識を子供にもたせて習熟を図る指導が有効である。また，単なる適用問題ではなく本時の問題並み，もしくはそれ以上のジャンプの問題を扱う指導など，学力向上を意図した，確実な定着を目指した指導が必要である。

（石井　　勉）

第 2 章
深い学びを実現するための
授業のしかけ

❶ 仕込みを醸成するしかけ

　日々の指導は，過去の経験の積み上げにより形成されていく。授業でも様々な約束事が教室ごとになされる。その中でも，問題・課題把握における主体的な学びを促すしかけ，自力解決における主体的な学びを促すしかけ，集団検討における主体的な学びを促すしかけが，授業の成否を分けるルーティンを醸成するしかけとして指摘できる。いずれのルーティンもはじめはしかけの結果として定着していく。そして，ルーティンとして習慣化されるまでの指導が，いわゆる仕込みと呼ばれるものである。

　問題・課題把握における主体的な学びを促すしかけとは，子供が堅くなりがちな導入において，子供から遠慮ない発言を引き出すしかけが代表的である。例えば，直方体の体積を求める問題を扱うときに，「縦5㎝，横7㎝，高さ3㎝の長方体の体積を求めよう」と板書する。そして，黙って子供を見つめる。しばらくすると「長方体ではなく，直方体です」と発言する。それを契機になぜ直方体と言われるのか，すべての角は直角であるなど，直方体の理解が深まっていく授業がある。これは日常的に板書の文字を意図的に間違えたり，数値を与えずに条件不足の問題を与えたりするなど，子供からの疑問と考察を引き出す指導の工夫であり，問題・課題把握における主体的な学びを促す継続的なしかけである。また，日常的に教師に対して間違いを指摘したり疑問を表明したりするルーティンは，集団検討における子供から子供への質疑応答や対立的な話し合いの土壌をつくることになる。

　自力解決における主体的な学びを促すしかけとは，困難な問題を解決に導くものであり，**多様な解決を促すしかけ**によって形成される。例えば，数量の関係に着目して解決する問題を解決する際には，対応表による解決と式表現による解決が欠かせない。式表現による解決をする子供は多いが，表をう

まく書けない子供も少なくない。対応表による解決を促すために，1つの変数（独立変数）が1ずつ増加したときの，他方の変数（従属変数）の変化の様子にきまりはないかを机間指導で問いかけることになる。そして，集団検討において対応表という数学的表現に対する子供の理解を促す。これを繰り返すことで，多様な数学的表現力を子供に定着させる効果があり，この指導が自力解決における主体的な学びを促す第1のしかけである。その上で1つの解決ができたら，他の解決を考えるように指導し，これがルーティンとなるように繰り返し指導をする。この指導が自力解決における主体的な学びを促す第2のしかけである。

集団検討における主体的な学びを促すしかけは，解決の説明に対する質問の仕方，質疑応答での活動方法，子供同士の話の聞き方に関する3つの仕込みを促す。例えば，長方形による複合図形の求積の授業では，2つの長方形に分割する方法と，大きな長方形から欠けた部分の長方形を引く方法が典型的である。この解決の説明では式を読み上げるのではなく，図を示しながらそれぞれの式が図形のどの部分に対応するかを説明することになる。

これを受けて質疑応答になるが，すべてが分からないから説明し直すよう求める質問が，子供からの質問として典型的である。このようなときは，分からない式が対応する図の部分を問うとよいことを指導する。これが第1の**質問の仕方に関するしかけ**である。このような質問に対して説明者だけでは十分に答えられないことも散見される。この場合は，説明者以外の子供が答えたり関与したりするとよいことを指導する。これが第2の**活動方法に関するしかけ**である。

しかし，質疑応答に直接に関与する子供は一部に限られるために，当事者を除いた周囲の子供は，話し合いを十分に聞いていないし，理解していないことが多い。このようなときは，質疑応答に引き続く教師からの発問を契機とした話し合いにおいて，質疑応答でのやりとりを問う発問が有効である。これが**子供同士の話の聞き方に関するしかけ**である。

（石井　勉）

❷ 問題設定におけるしかけ

　算数の授業の出発点は教師が提示する問題である。そして，その問題によって，子供の意欲を引き出し，比較検討の議論を活発にすることができる。すなわち，子供に深い学びを促すには，教師は子供に深い学びを促せる問題を設定することが必要である。これが問題設定におけるしかけである。ここでは，問題を設定するときの考え方としてブラウン・ワルター（1990）による What-If-Not 方略に基づいて，教科書などでよく見られる問題から新たな問題を設定し，問題設定におけるしかけの実際を検討する。

　まず，子供たちの解決意欲を引き出すために，問題場面を変更する。第1学年「10よりおおきいかず」の導入として，いくつかの花や動物などの絵とともに「〇〇のかずをかぞえましょう」などと問うものがある。

　学校の水泳の授業では，宝探しというプールの中の宝を取り合い，その合計を競う活動がある。ここでは，勝敗を決するために，宝の数を数えなければならない。そこで，「水泳の『宝探し』の宝の数を数えましょう」と設定する。問題場面をひまわりから宝へ変更することで，子供たちの数える必要感を高める。これらは，問題の場面を子供にとって身近な場面に変えたり，数える必要感をもたせたりすることによって，解決意欲を引き出し，**解決の必要感を高めるしかけ**である。

　次に，活発な議論を促すために，問題の数値を変更する。第6学年「分数のかけ算・わり算」の導入として，「1dL で，板を $\frac{2}{9}$ m²ぬれるペンキがあります。このペンキ2dL では，板を何 m²ぬれますか」というような問題がある。被乗数は小数に直せないが，小数に直せる分数である $\frac{3}{5}$ m²に変更することで，$\frac{1}{5} \times (3 \times 2) = \frac{1}{5} \times 6 = \frac{6}{5}$（解決①），$\frac{3}{5} \times 2 = \frac{3 \times 2}{5} = \frac{6}{5}$（解決②），$\frac{3}{5} \times 2 = 0.6 \times 2 = 1.2 = \frac{6}{5}$（解決③）のような3通りの解決が促される。

このように，数値を変更することで新たに解決③が可能になった。この問題は分数×整数の仕方を考えさせる解決①と②が意図されているが，比較検討のときに解決③を取り上げ，そのよさや欠点を考えさせることで，解決①と②の一般性に関する議論や分数と小数の関係に対する議論が生じることが期待できる。これらは，問題の数値を吟味して変更することで，**多様な解決を促し活発な議論を促進するしかけ**である。

　最後に，発展的に考えることで，問題の本質の理解が深まるように問題の条件を変更する。第５学年の「円周の長さの学習」で，下図１のように，円周上のコースの距離を求める問題がある。これは大きい半円の半径が，小さい半円２つの直径と等しい等分の関係になっている。

　これを，小さい複数の円を設定したり（図２），等分の関係ではない円を設定したり（図３）同様の考え方で求められる他の形にする（図４）ことで，発展的な問題にすることもできる。例えば，直径９の円を３等分した場合は，「３×3.14÷２＋３×3.14÷２＋３×3.14÷２＝（３＋３＋３）×3.14÷２＝９×3.14÷２」となり，分配法則が成り立つことから，この問題の構造が演繹的に説明される。このような考察から，大きな円の直径を２つや３つの半円に分ける構造になっているという説明もあるし，相似な三角形に分ける構造になっているという説明もあるだろう。これらは，問題の数値や条件を変更することによって，**問題の本質の理解を深めるしかけ**である。

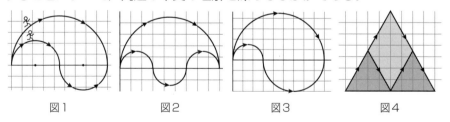

図１　　　　　図２　　　　　図３　　　　　図４

　以上のように，子供を深い学びに導くには，教師が深い学びをすることが大切である。教師が問題を設定するために，問題場面や数値や条件などを変更し，教師自身が問題を分析するという教材研究こそが，子供の深い学びを実現するために必要である。

（難波　怜央）

❸ 必要な解決を引き出すしかけ

「必要な解決」とは，自力解決段階の次の集団検討の段階において，ねらいを達成するために取り上げるべき子供の考えのことである。子供たちに対して，問題を提示した後，いきなり自力解決に入ったとしても，うまく集団検討の段階に進めることもある。しかし，答えが分からなかったり何を考えてよいのかが分からなかったりして手が止まってしまう子供がいたり，ほとんどの子供は何かしらの解決ができているものの，どの子供も類似した解決をするなど，集団検討を必要としなかったりすることも多い。

このような経験から，偶然に頼るのではなく，いつでも必要な解決を引き出すためには，第1章で述べているような自力解決の段階での机間指導はもちろん，自力解決の前の段階で，いくつかのしかけを用意しておくことが重要となる。自力解決の前の段階でのしかけとして，**①問題や教材の設定**，**②問題や教材の提示**，**③教具**，の3つの視点で工夫するとよい。以下に，それぞれの視点でのしかけについて具体的に述べていく。

はじめに，**①問題や教材の設定のしかけ**を検討する。これは，問題や教材の数値や場面設定自体にしかけをすることである。解き進めていくことで，子供の見方・考え方が刺激されるような数値であったり，子供にとって分かりやすく興味を引くような場面を設定したりすることが大切である。第5学年の「単位量あたりの大きさ」の学習で，各国の CO_2 総排出量を棒グラフに表し，その根元に総人口を載せたものを提示し，「より多く CO_2 を削減すべきなのはどの国か」という問題を提示した。パッと見ただけだと，棒グラフで一番大きいA国になるのだが，総人口も多いため，1人当たりで比べてみるとC国の排出量が多くなる。地球温暖化の問題は，子供たちにとって比較的馴染みのある話題である。また，見方を変えることで結論が変わる数値になっており，複数の結論について話し合う中で，単位量あたりで比較するという見方について集団検討ができる。これらの指導は，問題や教材そのものを工夫することで，**子供を刺激し興味を高めるしかけ**である。

次に，**②問題や教材の提示のしかけ**を検討する。これは，教材や問題文の

一部分のみを提示したり，条件不足，条件過多の問題を提示したりして，子供の問いを焦点化することである。教師と子供との対話を通して一人一人の子供の中に問いが生まれることで，解決に向けた意欲も高めることができる。第4学年の「複合図形の面積の求め方」を考える授業において，右のような問題を提示するときに，この図形の右上のへこんでいる部分を隠しておき，「何㎝²だと思う？」などと問うと，既習の長方形の面積の求め方を生かして，48㎝²という答えがかえってくる。「どうしてそう思ったの？」と続けて問い返せば，

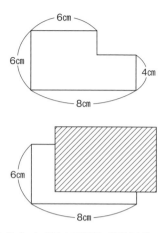

「縦が6㎝で横が8㎝だから…」という具合に，長方形の面積の求め方を復習することになり，長方形ならば求めることができると確かめることにつながる。これらの指導は，問題や教材の提示において，隠したり強調することで，子供の**問題意識を高めたり問いを明確にするしかけ**である。

　最後に，③**教具のしかけ**を検討する。これは，ブロックやワークシートなどにしかけをしたり，教具そのものを用意したりするしかけである。例えば，第3学年の棒グラフの学習で，子供から「2つのデータを合わせる」という考えを引き出したい場合，教具そのものとして，手元に操作できる棒のようなものを用意しておくと，2つの棒を縦に繋げて1つのグラフにしようとする子供が増える。2つの棒を横に並べて，その差を見ようとする子供もいるかもしれない。「合わせてみると何が見えますか？」や「差はどれぐらいですか？」などの問いを教師が発することで，その見方をさせることもできるが，一問一答の授業になりがちである。子供自らが，そういったデータの見方を獲得していくことに重きを置くのならば，子供の手元に操作できるものを用意しておくことは効果的だと考える。これらの指導は，具体的に教具を用意することで，子供の**興味を高め見方を豊かにするしかけ**である。

（黒坂　悠哉）

❹ まとめのための教材・教具によるしかけ

　よく「まとめから板書計画をつくる」と言われる。まとめにつなげていくために，どのような問題解決を図ればよいか授業を逆から組み立てていくこともある。そのように授業の筋道を立てて考えていくと，様々なしかけを学習過程に散りばめていく必要が実感される。ここでは，まとめのための教材・教具によるしかけを目的に，他の学習場面も含めて検討していく。

　まず，まとめを決定するにあたって，教師が考えるべき手順とそのしかけは以下の6点に集約される。手順第1は，**めあての仮決定**である。これは，問題提示におけるめあての設定方法を具体的に仮決定するしかけである。手順第2は，**まとめの決定**である。先に決定しためあてに正対したまとめを決定し，本時のねらいを微調整するしかけである。手順第3は，**まとめのキーワードの選定**である。このキーワードは，「分母おんなじ作戦」とか「切れば同じようにできる」のように子供らしい表現で構わない。子供の思考を的確に表現するキーワードを事前に準備し，子供たちの発言から拾い集めていくしかけである。手順第4は，**まとめのキーワードを引き出す発問の決定**である。先に決定したキーワードを子供が発言するように促す発問や指導を想定するしかけである。手順第5は，**キーワードの使用**である。例えば，「分数のわり算は，逆数をかけるという言葉を使って，この問題の解決方法を説明してみよう」のように，まとめのキーワードを授業の中で用いる場面を設定するしかけである。手順第6は，**まとめのキーワードの深化**である。例えば，「たてる・かける・ひく・おろすという前の授業での言葉を使って座席の隣同士で筆算の仕方を説明してみよう」のように，子供から導いたまとめのキーワードを深化し拡張しながら，強く印象付けて定着を促すために，すべての子供にそのキーワードを実際に使わせるしかけである。

　以上のように，まとめを成功させるしかけを手順として整理することができる。具体的には，めあてを仮決定してから，まとめを決める。この時点でめあてを決定する。そのために，教材を通して身に付けるべき資質・能力として知識・技能，数学的見方・考え方を明確にする。そして，それぞれの評

価方法を具体化する。この結果として，授業を通して価値付けていくことを確認していく。このようにして，まとめが決まれば，後はそこまでの道筋の中に，授業のエッセンスを散りばめていくこととなる。その中で，教材・教具の位置付けを授業の進行に合わせて整理すると次のようになる。

　問題・課題把握のしかけの典型は，前の時間のまとめからつながっている本時の問題などの中に見出すことができる。前時のまとめや振り返りで，次時に必要な学習を考えさせて，本時につなげるしかけである。具体的には，前時で用いた教材を条件を変えて用いて，それを本時の問題とする。時には，単元計画を子供たちと共につくることで数時間にわたる継続的な問いをもたせる場合もある。いわゆる，**単元を貫く問題**というのは，このように強力であり，このような解決したいという意欲を高める問題場面を設定し，**知的関心を高めて次時へつなげていくしかけ**である。

　自力解決でのしかけは，解決に必要な既習の知識・技能や，今までの解決方法を振り返る場面を設定する指導である。算数ブロックなどの教具を操作するなどして，机間指導を充実させていく。そして，まとめにつながる数学的な見方・考え方を生かした解決を促進していく。その結果として，すべての子供の解決を保証して，解決できたという達成感をもたせた上で，自力解決に引き続く集団検討の舞台にあげていく。机間指導が鍵であり，**すべての子供に解決を経験させるしかけ**となる。

　集団検討でのしかけは，互いの考えを共有させる指導である。共通した考えを確認するために，算数ブロックなどの教具の操作を確認するとともに，キーワードを板書に残す。そのキーワードを比較し，多様な解決とその考えを合わせて，よりよい方法を見出したり，新たな解決や着眼を生み出したり，共通点を明確にしたりするなどして，互いの考えを学習のまとめにつなげていく。また，まとめるために他の方法でも検証する態度を育てることも大切である。違う問題で確認する，本当にそうなのか確かめるなど，１つの問題だけではなく様々な問題で検証することで，一般化しようとする態度を育てるという，**互いの考えを共有するしかけ**は大切である。

（蓮尾　幸枝）

❺ まとめのための発問によるしかけ

　ここでは，まとめを意識した，発問によるしかけを整理する。特に，主体的に問題を捉え，解決を促すための発問として9点に類型化できる。

　第1は，**問題づくりにつなげる発問**である。「どんな問題がつくれますか」「何がしたいですか」など，問題場面や数量のみ提示して，その続きを子供たちに考えさせる。既習事項や既有経験から，どのような問題が考えられるかを主体的に子供が探っていく。このように，子供自身で問題を見出したり探し出したりすることで，問題に興味・関心をもち主体的に捉えることができるしかけである。

　第2は，**既習事項や既有経験と目の前にある問題を結び付ける発問**である。「今までの学習と違うところはどこですか」「似ているところは何ですか」「今までの学習とつながっているのはどんなところですか」と問う。すると子供たちは，主体的に本時の問題と今までの問題とを比較する。このように，知識や経験と結び付け，解決すべき本時の課題を明確にするしかけである。

　第3は，対話的に解決してまとめにつなげるために効果的な，**考えをつなげる発問**である。「式の意味は分かりますか」「どの図と式とが結び付きますか」「〇〇さんの考えが分かる人はいますか」というように，考えを単独に離れた無機質な知識にせず，自己の知識のネットワークの中に位置付けて他とつなげていく。この指導は，途中で自己の考えを十分に伝えられなくなる子供にも，友達の考えとつなげていくことでより多様な考えを理解する手助けをする。このように，様々な考えや表現を結び付け，より深い理解やよりよい価値を生み出していくしかけである。

　第4は，対話的に解決してまとめにつなげるために効果的な，**考えを共有するための発問**である。「算数の言葉で言うとどうなりますか」「〇〇さんの考えを前の時間の学習を基に説明できる人はいますか」など，それぞれの表現方法を算数の用語でまとめていく。図や半具体物による操作なども，広く捉えれば算数の言葉であり，自分なりに説明することも算数の用語を使えば分かりやすくなるし，互いに共有することができる。このように，算数の言

葉を使うことで，理解を容易にし互いの考えの共有を促すしかけである。

第5は，深い学びとなるまとめにつなげる上で有効な，**考えのよさを追究する発問**である。「なぜ，そうなりますか」「同じようにできないかな」「考えのよいところはどこですか」「作戦名をつけてみよう」「どのように解決したのか振り返ってみよう」のように，より深い思考を促したり，より広い理解を促したりする発問である。このように，それぞれの考えのよさを価値付けていくことで，数学的な見方・考え方を整理することができるしかけである。

第6は，深い学びとなるまとめにつなげる上で有効な，**考え方の関連性を問う発問**である。「今までの学習と似ているところはどこですか」「共通した考え方は何だろう」のように，いくつかの解決や数学的表現を結び付ける発問である。このように，多様な考えの共通点を見出し，数学的な見方・考え方のよさに気付くように促すしかけである。

第7は，深い学びとなるまとめにつなげる上で有効な，**価値付ける発問**である。「友達の考えのよかったところはどこですか」「伝わりやすい理由は何だろう」「どうやって問題を解決しましたか」のように，それぞれの表現方法を価値付ける発問である。このように，次時に友達の考えや表現のよさを取り入れるなど個々のステップアップを促すと同時に，自分の問題解決を振り返り価値付けることで深い学びにつなげるしかけである。

第8は，**新しい学習内容を明確にする発問**である。「今日分かったことは何ですか」「どんな場面で使えますか」のように，本時の学習内容を知識と経験に結び付けながら整理する発問である。このように，学習を通して身に付けた力を明確にし，自分の学習過程を振り返り明確にするしかけである。

第9は，**多様な考えを集約する発問**である。「○○を基にして考えたね」「そろえてみると」「まとめると」「1つ分を求めると」「分けてみると」のように，多様な考えを集約する発問である。このように，数学的な見方・考え方を整理することで，次の問題解決に学習を生かそうとするしかけである。

(蓮尾　幸枝)

❻ 指導力を高める反応予想におけるしかけ

　1時間の授業の流れを考える際に，子供の反応を予想することは必要不可欠である。子供の反応の予想を見誤ると，授業が意図したように進められなくなったり，本時の目標を達成できなくなったりしてしまう。子供の反応をいろいろなパターンで予想した上で指導の手立てを用意しておけば，意図どおりに授業をコントロールすることができ，余裕をもってあわてることなく指導を行うことができる。また，子供がつまずきそうな場面を予想しておけば，そのつまずきを授業に生かしたり，子供の困り感に寄り添い個別指導に生かしたりすることができる。以下に，指導力を高める反応予想におけるしかけに関して3つの授業の場面に着目して検討していく。

　第1の場面は，**問題・課題把握の場面における，効果的な導入・問題把握のための反応予想**である。問題・課題把握におけるポイントは，問題を設定する際に，子供たちが着目する内容を踏まえて，問いを見出すきっかけを予想することである。問題を設定したときに，子供たちが発するつぶやきや表情などの反応を予想すれば，より効果的に子供の心をつかむことができる。導入での扱いや問題を設定する順序やタイミングを変えてみると，子供が着目する内容や疑問をもつ内容も変わってくる。例えば，問題の条件の一部を□として条件不足の問題にすることで，その条件により着目させることができるだけでなく，問題場面の理解を促すことが期待できる。問題・課題把握の場面は，授業の流れを決定付けるシーンであるため，子供の興味・関心を予想し，子供が感じるワクワク感やドキドキ感を創造することで，授業はより楽しくなる。このように，効果的な導入・問題把握のための反応予想は，より効果的な問題の設定の仕方を吟味する上で，子供の反応を予想するしかけである。

　第2の場面は，**自力解決の場面における，子供のつまずきに寄り添うための反応予想**である。子供のつまずきや典型的なミスコンセプションを生かした授業づくりをするには，子供の反応を予想することが欠かせない。子供が間違いやすい内容を取り上げ，典型的な誤答を予想することで，「なぜだろ

う」とか，「どうすれば正しい答えにたどり着けるのか」と子供の中に新た
な問いが生じるように促すことで，より深い学びへと導いていくことが期待
できる。机間指導においても同様で，子供のつまずきを予想して指導の手立
てを考えておけば，机間指導の中で必要な支援をすることができる。子供た
ちの考え方を予想し，解決へと導くヒントとなるような図や具体物を用意し
ておけば，解決に手がつかない子供や，自己の解決を十分に説明できない子
供に有用である。このように，子供のつまずきに寄り添うための反応予想は，
自力解決における個に応じた指導を支える大切なしかけである。

　第3の場面は，**集団検討の場面における，多様な意見を引き出し表現させ
るための反応予想**である。典型的な集団検討は，多様な解決の説明とそれに
引き続く質疑応答によって始まる。それを意識しながら，教師による発問に
よって，練り上げとか議論，検討・比較などと呼ばれる活動，すなわち集団
検討が位置付けられる。その様々な発言を予想することが欠かせない。この
ような予想の多くは，授業の前の準備の段階でなされるべきであるが，それ
以上に，授業中，すなわち自力解決における机間指導を通して，その予想は
確かになり精度を高める。なぜならば，子供が記述するノートにおける個々
の解決を観察することで，より確かに個々の子供の考えをうかがい知ること
ができるからである。このように，多様な意見を引き出し表現させるための
反応予想は，授業のヤマ場である集団検討の後半部分を盛り上げて授業を印
象深いものに仕上げていくしかけである。

　以上を概観する上で注意するべきことは，子供が発見する考え方や課題に
対する子供の解決は，実に多様であるという事実である。なぜならば，子供
なりの答えにたどり着く道筋はほとんど同じように見えても，「どうしてそ
んなことを思い付いたのか」という発想の根源は，子供によって少しずつ違
っているのが普通だからである。また，その表現方法も多様である。その少
しの違いを予想するには，日々の授業での観察が欠かせない。言い換えれば，
算数科の授業は日々の子供の観察から得られた予想と，実際の授業を通した
予想の修正の連続と言える。

（伊東美穂子）

❼ 子供にかえすしかけ

主体的・対話的な学びを促す取り組みが多くの学校で盛んに行われ，友達同士で説明し合ったり，話し合ったりする場面が授業に多く取り入れられている。しかし，子供同士の話し合いでは根拠があやふやなまま話し合いが進んだり，考えたことを友達に伝えきれなかったりすることがある。そこで，根拠を明確にするために，子供にかえすしかけを積極的に行っていきたい。

授業の中の自力解決の場面で，大まかな予想や勘で式を立てて，答えにたどり着く子供もいるし，前時の授業とのつながりや，単元の内容，これまでの経験を基に考える子供もいる。

子供にかえすしかけとは，そのような子供に対して「どうして？」と問いを投げかけ，子供たちが気付いていない，考えていない根拠を明確にするように促すことで，根拠をもって考える態度を養うしかけである。

授業は限られた時間の中で，まとめや適用問題まで扱われることが多い。時間が少ないために，正解に近い発言だけで授業を進めたくなるが，正解までいかない「何となく」の考えに学級全体で向き合って考えていく時間にこそ，指導の重点を置いて授業を組み立てていきたい。そのような時間を積み重ねていくことで，子供たちは根拠を気にするようになる。そして，その根拠になるのはこれまでの学習内容であり，その学習を生かして新しく問題を解決していくことが，深い学びを促していく。以下では，授業の場面に着目して４つのしかけを検討する。

第１のしかけは，**演算決定でかえすしかけ**である。文章問題を扱うとき，いきなり式を立てると，加法の単元であれば子供たちは，「また，たし算だろう」と思って式を立てる。式ができて友達と同じだと分かると，子供たちは安心してその先を考えなくなってしまう。そこで例えば，問題文を提示した後に何算かを問う。「たし算だ」と答えた子供がいたら，教室全体にその根拠を問い返す。すると，問題文の中で合計を表す言葉を探したり，場面のイメージを図や絵に表したりして根拠を考えるようになっていく。このように問い返しを繰り返して子供にかえしていくことで，根拠を明確にしながら

考えたり，根拠を基に説明したりする態度が育つ。

　第2のしかけは，**机間指導でかえすしかけ**である。自力解決のとき，考えを書き始めたが，うまく答えにたどり着けない子を見かけることがある。そんなときには，「ここは，どうしてこう書いたの？」と尋ねてみる。するとその子供は，説明のために自分の考えを言葉で表現しようとして，自分の考えの根拠を考え始めることがある。自分の考えの根拠に気付くことで，その子供は自分の考えを先へと進めていくことが期待できる。また，独りで考えているときに一度つまずくと，混乱して行き詰まってしまうこともある。そんな子供に根拠を問うようにかえすことで，自分の考えを見つめ直すきっかけを与え，思考が整理されたり考えが明確になったりすることも期待できる。

　第3のしかけは，**集団検討の「何となく」にかえすしかけ**である。集団検討の場面で，どうしてその考えになったのかとかえすと，理由がうまく言えず「何となく」と答える子供がいる。「きちんと理由を説明してごらん」と言いたくなるが，子供は本心で「何となく」と答えることが少なくない。しかし，子供たちは，無意識に問題の大切な部分に気付いていたり，経験を基に答えにたどり着いていたりすることがある。その無意識の部分に注目し，引き出し，話し合ったり，共有したりすることで，根拠を基に考えたり，説明したりする子供が育つと考える。また，自分自身で気付くことができなかったり，根拠を説明することが難しかったりする場合には，「Aさんがこう考えた気持ちが分かる人？」と全体に投げかけてみる。すると，子供たちは一生懸命に考え，対話が生まれるきっかけにもなる。

　第4のしかけは，**まとめでかえすしかけ**である。本時の学習でどんなことが大切だったのかを振り返らせると，キーワードや単語でかえってくることもある。ここでも，全体に「その言葉を使ってもう少し詳しく言ってごらん」と子供にかえす。まとめを一方的に教師が提示するのではなく，一部の子供だけでまとめを確認してしまうのでもなく，問い返してまとめをしたい。自分が理解したことをアウトプットすることで，自己の学習が再構成されて，学習内容がよりたしかに定着すると期待できる。

（桑原　一樹）

❽ 既習事項にもどすしかけ

　子供が授業の中で学習課題を的確に把握し，課題解決に向き合い，学びを深めるために，意図的に既習事項にもどすしかけがある。その5つのタイミングにしたがって5つのしかけを，以下に示していく。

　1つ目のしかけは，**問題・課題把握の前半で既習との違いを明確にするためにもどすしかけ**である。本時の問題・課題把握をさせる際に，まず前時の学習を振り返る活動を取り入れる。本時の問題に取り組む前に既習事項を思い起こすことは，本時の問題が提示されたときに，前時の問題との違いを明らかにするために役に立つ。前時の学習内容とは違うことを把握しやすくなり，既習事項を発展させて考える必要があることを予想することができる。さらには，前時に学んだことを活用できそうだという見通しをもつこともできる。子供の「できそう」という気持ちが，学習意欲の向上にも寄与する。例えば，第3学年の「かけ算の筆算」の単元では，2位数×1位数（部分積がみな1桁），2位数×1位数（部分積が2桁），3位数×1位数と1時間ごとに段階を追って学習していく。授業の最初に復習問題を扱うことで，問題把握のときに「繰り上がりがある」「少し難しくなっているけど，筆算を同じようにやって解けそう」「3桁になっても同じように小さく数字を書きながら筆算をしてみよう」と筆算の仕方や繰り上がりの補助数字の付け方を確認しながら，本時の問題への意欲を高めることができる。

　2つ目のしかけは，**問題・課題把握の後半で，解決の見通しを立てるために既習にもどすしかけ**である。第1学年の「ひきざん」の学習では，問題を提示した後，前時の学習を振り返り，解決の計画を立てている。14−8という式の計算を考える課題を確認した後，前時の学習から「10のまとまりを使って考えればいい」ことや「算数ブロックを使う」こと，「ドット図を使って考えた」ことを学級全体で確認する。そうすることで，本時の課題に対する解決の計画が立ち，「答えが出せそうだ」と見通しをもつことができるようになる。具体物を操作させるなどの工夫をすると，さらに主体的に問題解決に取り組むことができる。

３つ目のしかけは，**自力解決において，解決の方法を明確にするために既習にもどすしかけ**である。教室掲示や黒板に単元の既習事項を掲示しておくと，それを見て振り返りながら自分の考えを形成していくことができる。また，自力解決の序盤でスムーズに解答を書いていた子供から「あれ？」と疑問の声が上がることがある。思い描いた解決方法で答えにたどり着かなかったり，逆に複数の答えが出てきて選択に迷ったりしているのである。そのときには，既習事項を問う発問をしたり，学級全体で困っていることを共有し，みんなで既習事項を思い起こすきっかけをつくったりすることも大切である。子供が主体的に問題解決に向かうために，教師と子供，子供同士の対話を基に，既習事項から解決の方法を探っていく工夫が必要である。

　４つ目のしかけは，**集団検討における話し合いにおいて，妥当性を検討するためにもどすしかけ**である。第４学年の「およその数」の学習では，切り捨てをするとよい場面を設定している。概数にするときに，５以上は切り上げ，４以下は切り捨てをすればよいという既習の四捨五入をしてしまうと，問題によっては正しい答えにたどり着かないことがあることが確かめられる。四捨五入をして求めた答えが，なぜ間違っていたのかを子供に投げかけることで，既習事項の確認をしたり，いつでも四捨五入をすることが正しいわけではないことを知ることができる。集団検討においては，解決に至った過程や考え方を発表し合い，その妥当性を検討することが大切である。そのために，いつも既習事項を振り返る習慣を身に付けることが求められる。

　そして，５つ目のしかけは，**まとめにおける学習成果を決めるためにもどすしかけ**である。本時で扱った問題を通して身に付けた力は，適応問題に取り組ませることでその有用性を認め，価値付けられるものである。子供は学習のまとめで得た知識や技能を何度も振り返り，適応問題を解く。様々な問題場面に出会わせることで，「いつでも使える」「便利な考え」と実感を伴って，学習成果を確認することができる。１時間の授業の終末には，適応問題で学習内容の定着を図りたいものである。本時の学習事項が深まり，定着すると，次の課題への意欲につながっていく。

（廣森　裕介）

❾ 経験を手繰るしかけ

　素地指導や振り返りと少し似ていて少し異なるしかけとして，経験を手繰るというしかけが考えられる。手繰るとは，記憶を順々に求めたり，引き出したりする姿と捉え，今まで価値付けられたり，まとめられたりしてきていない活動のことである。経験したことを認知していく途中に存在しているものであり，授業レベルで考えると，価値付けられたものやまとめられたものは既習事項であるが，経験を手繰るとは，まとめられていないもの，一般化していないもの，ねらいとは違い，思考する過程で表出するものも含むとして捉えられる。体験してきた学びの中で，学習の本質とは異なるところで感じたり，発見したり，触れたりして，獲得しているものと捉えられる。

既習事項　　⇒　価値付けられたもの。まとめられたもの。

経験を手繰る　⇒　経験で得た感覚。価値付けられたりまとめられたりしてきていない事項。

　ただ，その経験を手繰るためには，引き出す教師のしかけが必要になり，経験を手繰る経験も必要となる。

　具体的な例をあげると第6学年「線対称・点対称」の学習で，正三角形から正八角形までの対称な軸の数や対称の中心を表にまとめる学習がある。ここでの活動の判断材料として，対称な軸をかいて確かめていく方法が典型的である。しかし，経験を手繰るしかけを視点に授業を展開すると，正五角形や正六角形などの5や6という数字に注目をし，頂点の数が奇数か偶数かで決まるという捉え方もある。そうすると子供は，「かかなくても分かる」と言い出す。これは，経験として蓄積されてきた学び方である「簡単に調べられないかな」と，数学的な見方・考え方を働かせた「向かい合う点と点を結べば」という考えが重なり合ったものである。この見方・考え方が言語化できる子供を育てるためには，これを顕在化させる場面を設定し，積み重ねていくことが重要である。

　そこで，教師の働きかけが重要となる。この学習の場面では，図で点対称な図形か線対称な図形を板書で示していく中で，帰納的に点対称な図形か線

対称な図形かを分類していく。正三角形は，点対称にならない。正五角形も同じく点対称にならない。正六角形は点対称で，正七角形は違うと，具体的操作などをしながら確かめていく。その中で子供は，数字に着目し，偶数の場合は，点対称であり，線対称でもあることに気付き，説明をする。しかし，そこで「よくきまりを見付けたね」で留まると，また経験だけの存在になってしまう。

　ここで，「なぜそう思ったの？」と発想に着目させる。そうすると，「だって，点対称でないものは，向かい合う頂点同士を，中心を通る線で結ぶと対称の中心を通らない」と数字に着目した根拠を示すことができ，**きまりの根拠付け**をすることで価値付けられ，認知していく。そうすると数に着目して考えたり，きまりはないかなと考えたり，「だって〜」と根拠をもって説明できたりする「着眼点」が付くのである。

　どうか，経験を手繰る子供の姿を否定したり，取り上げずに流したりせずに，過去の経験を引き出したり，つなげたりする子供の着眼点を大切にし，クラスで共有したり，価値付けたりしながら様々な視点で物事を捉えることのできる子供へと導いてほしい。「なぜそう考えたの？」「なぜそれを使おうと思ったか，○○さんの気持ち分かる？」「なぜそうしようと思ったの？」など経験を手繰る姿を顕在化し，**学ぶ視点の広がり**を共有していきたい。

　また，この経験を手繰るしかけは，数学的な表現でも同様なことが言える。なかなか数学的な表現のよさについてまとめたり，価値付けたりする場面を設定することが難しく，形式的に捉えさせ，使えるツールとして扱われることが多い。しかし，問題文を整理するときに図や数直線を使うことで立式の根拠となることや，自分の思考過程を整理，説明することができる有用感を経験させたい。その過程で，子供自身が数学的な表現を手段として使うことができるよさに気付き，経験を手繰る際に2量を整理するには表を活用したいと思ったり，図にすれば式の意味がよりうまく説明することができると考えたりする経験を積んでいく。それを，教師の働きかけにより価値のある姿であると認めていきたいのである。

（稲葉　圭亮）

❿ 途中で学習の成果をおさえるしかけ

学校現場で問題の条件や学習内容，成果を確認することを「おさえる」と表現することが多い。途中で学習の成果をおさえることは，単元のねらいや本時のめあてを達成するために，授業の方向性を授業中に修正したり確認したりする教師の働きかけである。結果として，子供たちが学習の前提を明確にすることにつながり，理解の遅れていた子供も学習に追いつく契機となる。よって，途中で学習の成果をおさえるしかけは，様々な子供の学習意欲を高めるしかけである。特に，算数の授業においては，既習事項を基に考えることで，新たな疑問を見出していくことが重要である。以下に２つの視点から具体的に，途中で学習の成果をおさえるしかけの実際をまとめていく。

第１のしかけは，**学習内容の理解を深めるしかけ**である。机間指導では一人一人をしっかりと見ることができるため，個々のつまずきを把握することができる。個々の学習状況を的確に把握することは，本時の目標を達成する上で欠かせない。

しかし，一般的に一斉授業を行っているときは，子供の発言やつぶやき，表情などから個々の学習状況を推察するに留まる。そのため，個々に解決の困難な箇所を把握することは難しい。

そこで，途中で学習内容をおさえることで，分からなくなってしまった範囲を絞ると効果的である。例えば，第４学年の「わり算の筆算」の学習では，わり算の筆算を正確に行うためには，かけ算，ひき算を正確に行う必要がある。そのために，たてる，かける，ひく，おろすという手順を確認する指導がある。振り返りとして，「ここまで大丈夫かな」と段階的に確認することで，かけ算の間違いや繰り下がりの計算間違いに気付き，誤答を少なくすることができる。

第２のしかけは，**学習に取り組む自信をもたせるしかけ**である。学年が上がるにつれて，45分の授業で学ぶ内容は少しずつ難しくなっていくと言われる。そして，算数が嫌い，算数が苦手と思う子供も学年が上がるにつれて増えていく傾向にある。そのため，自己肯定感を高め，主体的な学びを引き出

すために，子供の算数への自信を高めさせることは有益である。

　学習におけるつまずきがあっても，授業の中でそれまでの学習成果をおさえることで，個々の子供は，自己の学習状況を確認できる。解決できている子供は自信をもつきっかけになるだろうし，解決に至っていない子供はそこで学習成果を確認することで，これまでのつまずきをリセットするきっかけとなる。結果として，授業の中で複数回にわたり学習成果をおさえることで，子供たちは自信をもって算数の問題解決に取り組むことができるようになり，主体的な学びが促進される。

　例えば，第４学年の「小数のかけ算・わり算」における$4.2 \div 3$の計算方法を考える授業では，$0.1 \times 42 \div 3 = 0.1 \times 14 = 1.4$という解決，$1.4 \times 3 = 4.2$という解決，$1.4 + 1.4 + 1.4 = 4.2$という解決，$42 \div 3 \div 10 = 14 \div 10 = 4.2$という解決，$(4.2 \times 5) \div (3 \times 5) = 21 \div 15$という解決の他にも，数直線や面積図など様々な解決が考えられる。このうち，$0.1 \times 42 \div 3$の解決を取り上げている授業であれば，4.2を0.1の42倍とみる第１段階，$42 \div 3$を先行して計算する第２段階，0.1が14倍とみる第３段階，この全体を総合式として表現する第４段階，この式を言葉で説明する第５段階，この考え方を図を用いて表現する第６段階が考えられる。

　一般的な授業では，これらをひとまとめにして扱うことが多いが，途中で学習成果をおさえるしかけを用いれば，授業が細分化され，それぞれの段階ごとに，個々の子供の理解を確認することができる。できている子供は自信を深めるし，できていない子供はその都度，授業に追いつくことができる。結果として，教師主導の授業となるかもしれないが，子供たちはできることを実感し，算数に対する姿勢も積極的になることが期待できる。

　ここで教師主導になるかもしれないという危惧を解消するには，授業の途中における複数の学習成果をおさえるしかけを，子供のルーティンに高めておくことが最も簡単である。授業の要所要所で子供が主体的に学習成果を確認することができれば，しかけによって仕込みが定着し，ルーティンとなって主体的な学びが促進すると捉えることができる。

（後藤　拓己）

⓫ 子供の反応を価値付けるしかけ

　授業をしていると，よい発言をしているのに，それを全体で共有すること が十分にできないことが時々ある。その発言は鋭くて深くて視野が広がるよ うな発言なのだけれども，多くは子どもっぽい不十分な発言だという理由で 見逃されてしまう。先生の中にはその価値に気付いている方も見受けられる が，授業の中で十分に扱い切れない。これを確実に授業の中で価値付けるに は，**取り出す，説明を促す，確認する，使う，価値付ける**という５つのしか けが有効である。ここでは，第１学年の「繰り上がりのあるたし算」におけ る，８＋３の授業で計算方法を話し合う場面を基にして５つのしかけについ て検討する。

　教師が「あさがおの花が，昨日は８つ咲いていました。今日は３つ咲きま した。全部であさがおはいくつ咲いていますか」と問題を設定した。そして， あさがおのカードを不規則に黒板に掲示して，「このように貼ると答えが分 かりやすいですか？」と問いかける。するとある子供が「ぐちゃぐちゃで分 かりにくい」と発言した。そこで，教師は「今，Ｃ１ちゃんは何で分かり にくいって言ったの？」と再び問いかけた。そうすると他の子供が「ぐちゃぐ ちゃ」と発言した。ここは，取り出したい発言を他の子供に問いかけて，授 業の流れをつくり出していく指導である。この指導は，発言の中の**子供らし い表現を取り出すしかけ**である。

　しかし，このぐちゃぐちゃという表現の意味は，子供によって大きく異な る可能性が高い。そこで，教師は「ぐちゃぐちゃって，どういうこと？」と 他の子供へ問いかける。ぐちゃぐちゃの意味を言葉で説明させてもよいし， 納豆などのようにぐちゃぐちゃを例示させてもよい。中がぐちゃぐちゃな机 とか，頭の中がぐちゃぐちゃしてきたなど，ぐちゃぐちゃの用例を考えさせ るのもよい。このような指導は，取り出した**子供らしい表現の説明を促すし かけ**である。

　ぐちゃぐちゃの意味を確認した後に，授業は自力解決を経て集団検討へと 至る。８＋３の答えの求め方を問うと，Ｃ２が「卵パックに２つ移したら１

つ余りました」と発言した。これも，子供らしい不十分な表現である。授業の中では，この説明を促すしかけとして，「本当ですね。１つ余った。何で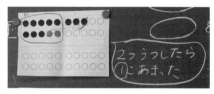C２さんは２つ移したのか分かる？」と問いかける。そうするとC３が「8は後２つで10だから，3から２をとって10にしています」と発言した。そして，教師は「そのとおりですね。ということは，10と，余りの１つでいくつ？」とC２に問いかけると，「11です」と答えた。この指導は促された説明を肯定した上で，その妥当性を確認しようとする指導である。この指導は，説明された**子供らしい表現の意味を確認するしかけ**である。

　授業はこのような集団検討を経て，まとめへと至る。学習成果の確認の後に適用問題として8＋5を取り上げた。その中で答え合わせとして，C４が「8＋5の計算の仕方は，8は後２つで10だから，5から２をとって10。余りの3をたして13です」と説明した。ここでは先に確認された10のまとまりをつくって計算することを意図する，子供らしい表現を実際に適用することで，理解をより確実にしている。このような指導は，意味を確認された**子供らしい表現を使うしかけ**である。

　多くの授業では，適用問題の答え合わせは淡々と進むことが多く，正誤を確認して終わることが多い。ここでC４の説明に関して，教師は「先ほど発表した言葉を使って考えることができましたね」と称賛する言葉を発している。この前の学習成果の確認の段階で，10のまとまりという言葉をキーワードにしたまとめがなされている。しかし，それに終わらずにC４の説明に肯定するコメントをしている。この指導は，使った**子供らしい表現を価値付けるしかけ**である。

　このように，子供はどういう考えのもと発言をしているのかを，教師はよく考え，子供らしい表現を価値付けることで全員が安心をしながら学ぶ環境づくりをしていくことが大切である。

（大矢亜佐子）

第**3**章 しかけでつくる算数の深い学びの具体例

第1学年「たしざん」

① どんな計算の仕方になるかな？

東京都青梅市立若草小学校 大矢 亜佐子

❶ 学びを深める授業の「しかけ」

しかけ① 既習事項にもどすしかけ

　問題・課題把握の前半において，既習事項と本時の学習との違いを明確にするしかけである。前時の振り返りをしたり，問題を読み比べたりして，前時との違いを明確にし，前時に学んだことを活用できそうだということに気付かせる。前時のたし算と比べて解決の見通しを立てることで，子供たちを「できそう」という気持ちにさせ，学習意欲を向上させる。

しかけ② まとめのための教材・教具によるしかけ

　本時におけるまとめのキーワードは，「10のまとまりにする」である。そのため，ドット図や卵パックなどを操作する活動を設定する。そして，いくつか動かすと10になるということが，視覚的に確認できる教具を準備する。以上を通して，繰り上がりのあるたし算は10のまとまりにして計算すると簡単に計算できることに気付かせる。最終的には10の合成を基にして能率的に解決できるようにする。

しかけ③ 必要な解決を引き出すしかけ

　はじめは卵パックという具体物から扱い，ドット図という半具体物に移行して考えられるようにする。卵パックのあさがおの操作とドット図の操作を関連付け，自分が操作したことを図に起こして考えられるようにする。図だけで考えられるようになったら，さくらんぼ計算ができるようにスモールステップを進んでいく。子供の目の前に自分で操作できる教具を用意することで，課題に取り組むための興味を高め，見方を豊かにしていく。

❷ 単元の指導計画（13時間扱い）

1・2	1位数同士の繰り上がりのある加法計算で加数分解による計算を理解する。
3（本時）	前時までの学習をふまえ，1位数同士の繰り上がりのある加法計算で，加数を分解して計算する方法の理解を確実にする。
4・5	
6	1位数同士の繰り上がりのある加法計算で，被加数を分解して計算する方法（被加数分解）があることを知り，計算の仕方についても理解を深める。
7	
8〜12	加法の計算能力を伸ばす。
13	学習内容の定着を確認し，理解を確実にする。

❸ 授業のねらい

1位数同士の繰り上がりのある加法で分解する計算方法を理解する。

❹ 授業の流れ

① 問題・課題把握

●前時のたし算9＋4を振り返り，問題を把握する

T　9＋4はどのように計算しましたか？

C　9はあと1で10なので4を1と3に分けて，9＋1で10，10＋3で13。

10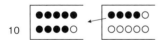
$$9 + 4 = 13$$
$$1\ 3$$

●問題を知り，課題をつかむ

> 問題　あさがおの花が，昨日は8つ咲いていました。今日は3つ咲きました。全部であさがおはいくつ咲いていますか。

T　パッと見て答えを出せますか？

C　ぐちゃぐちゃで分かりにくいです。綺麗に並べればいいと思います。

きのう	✿ ✿ ✿ ✿ ✿ ✿ ✿ ✿
きょう	✿ ✿ ✿

T　前回と違うところはありますか？　━━━━━━━━ しかけ①

C　花の数が違います。移動させる数が違います。

T　式はどうなりますか？

C　全部でだからたし算です。

C　最初８つ咲いていて後から３つ咲いたから，全部を求めるときは８＋３
　　です。

> 課題　簡単に計算する方法をを考えよう。

T　何を使って考えますか？　━━━━━━━━━━ しかけ②

C　さくらんぼ計算です。ブロックです。ドット図です。

②自力解決

C１　あさがおを２つ移動して10のまとまりにしよう。

C２　３から２個移動させて10。

C３　３から２つ移動させて10のまとまりをつくろう。

T　前回の考え方と一緒だね。今日は８にいくつたしたら10になるかな？

C４　分からないな。

T　卵パックを使って一緒に考えてみよう。８は後いくつで10になるだろ
　　う？　余りはいくつだろう？　━━━━━━ しかけ③

③集団検討

●考え方を共有する

T　みんなの考えで同じところはどこですか？

C　残りが全部1です。3を2と1に分けています。

T　ドット図，さくらんぼ計算も，なぜ3を2と1に分けていますか？

C　10と，余った1をたしています。

T　8に後2で10だから，3を2と1に分けるのですね。その後どうしていますか？

C　10と1をたしている。

T　今回も10のまとまりにして余りをたすと，簡単に計算できましたね。

④ まとめ

●本時の学習内容をまとめる

> **まとめ**　10のまとまりにして計算すると簡単に答えが求められる。

●練習問題をやる

❺ 板書例

もんだい
あさがおの花がきのうは8つさいていました。きょうは3つさきました。
ぜんぶであさがおはいくつさいていますか。

✿ ✿ ✿ ✿ ✿ ✿ ✿ ✿

✿ ✿ ✿　　　　8＋3

かだい かんたんにけいさんする
ほうほうをかんがえよう。

かいけつのてだて
○ブロック　○ドットず
○さくらんぼ

じぶんのかんがえ

8 ＋ 3 ＝ 11
　　∧
　　2 1

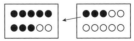

まとめ
10のまとまりにして
けいさんすると、
かんたんにこたえが
もとめられる。

れんしゅうもんだい
① 8＋4

② 9＋5

③ 7＋4

---

② 工夫して考えよう

東京都青梅市立若草小学校　大矢　亜佐子

❶ 学びを深める授業の「しかけ」

しかけ① 問題設定におけるしかけ

　この単元の学習時期に，生活科の学習で近くの公園へ行き，秋探しの活動をする。秋探しではどんぐり拾いをし，どんぐりを使って作品をつくることから，どんぐり拾いの場面を問題にした。子供たちは作品をつくる際に，どんぐりを少しずつ使い，後いくつどんぐりが残るのか気にするが，それはひき算すれば容易に求められる。また，実際に学習したことを他教科でも扱うことで，さらに子供の興味・関心を高めることができる。

しかけ② まとめのための教材・教具によるしかけ

　まとめのポイントは「10のまとまりにする」「ひき算でもさくらんぼ計算ができる」である。解決への手立てに困っている子供には，卵パックを使い，具体的に操作させることで見通しをもたせる。10のまとまりをつくると，自然と10の方からひきたくなるため，ドット図やさくらんぼ計算につなげることができる。ここで，繰り下がりの計算はさくらんぼ計算を使うと簡単に速く正確に計算できることをしっかりおさえていく。

しかけ③ 必要な解決を引き出すしかけ

　友達の考えを知り，自分でも挑戦してみると，算数ブロックや卵パック，ドット図などでも10のまとまりを使って計算していることに気付く。どのやり方も，10のまとまりからひけば簡単であることを共通理解し，ひき算でもさくらんぼ計算が活用できるということに気付かせる。ここでは，全員がさくらんぼ計算を活用して答えを求められるようにしていきたい。

❷ 単元の指導計画（13時間扱い）

1・2	11〜18から1位数をひく繰り下がりのある減法計算で，被減数を分解して計算する。
3（本時）・4・5	11〜18から1位数をひく繰り下がりのある減法計算で，被減数を分解して計算する方法の理解を確実にする。
6・7	11〜18から1位数をひく繰り下がりのある減法計算で，減数を分解して計算する方法があることを知り，計算の仕方についての理解を深める。
8〜12	減法の計算能力を伸ばす。
13	学習内容の定着を確認し，理解を確実にする。

❸ 授業のねらい

繰り下がりのある減法で，被減数を分解する計算方法を理解する。

❹ 授業の流れ

①問題・課題把握

●前時のひき算を振り返り，問題を把握する ─── しかけ①

　どんぐりを使って問題を確認して，式を取り上げる。10のまとまりや，ドット図，卵パック，算数ブロックを用いた解決を見通しておく。

> 問題　どんぐりが14こあります。8こ使いました。どんぐりは何こ残っていますか。

T　式はどうなりますか？
C　式は14−8です。
T　前回と違うところはどこですか？
C　数字が違います。数字が変わっても計算できそう。

課題 14−8の計算の仕方を工夫して考えよう。

②自力解決

C1 算数ブロックを使って計算しよう。

C2 卵パックで10のまとまりをつくって計算してみよう。

C3 14を10と4に分けて計算しよう。

T 友達に分かりやすく説明できるようにしましょう。 ───── しかけ②

T 卵パックを使って一緒に考えてみよう。4から8はひけないね。
どこからだと簡単にひけるかな？ ───── しかけ②

③集団検討

●答えを全体で確認する

T 14−8の答えはいくつですか？

C 6です。

●自分の立場の根拠の資料を提示し，議論する

T どうして答えは6なのですか？

C ブロックを14こ集めて，10と4に分けました。そこから8をとったら，
残りが2こになりました。そして，2とさっき分けた4を合わせます。
答えは6こになります。

C （ドット）図を使って，14を10と4に分けて，10の方から8をとりまし
た。残りの2と4をたして6になりました。

T この2つの考えで，似ているところはどこですか？

C どちらも分けています。10からひいて，残りをたしています。

T 10からひいて，残りをたすというのが似ているのですね。やはり，この
計算も，10のまとまりからひくと簡単に計算できますね。そのときに使

える，簡単な計算方法は何でしょうか？ ───── しかけ②

C　さくらんぼ計算です。

T　さくらんぼ計算で表すことができる人，いるかな？ ───── しかけ③

C　14を10と4に分けて，10の方から8をひきます。残りの2と4をたして 6になります。

T　なるほど。たし算のときと同じ考え方でできましたね。

④まとめ

●本時の学習内容をまとめる

T　大切だと思ったことは何ですか？

C　14を10と4に分けることです。

C　その後に2と4をたし忘れないことです。

> **まとめ**　10のまとまりにして計算すると簡単に答えが求められる。ひき 算でもさくらんぼ計算ができる。

●練習問題をやる

❺ 板書例

もんだい どんぐりが14こあります。 8こつかいました。どんぐりはなんこ のこっていますか。

$$14-8$$

かだい 14－8のけいさんのしかたを くふうしてかんがえよう。

じぶんのかんがえ

$$10-8=2$$
$$2と4で6$$

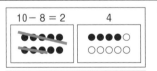

$$14-8=6$$
$$\wedge$$
$$④10-8=②$$

にているところ
○どちらもわけている。
○10からひいてのこりをたす。
○10からひくとかんたん。

まとめ
10のまとまりにしてけい さんするとかんたん。ひ きざんでもさくらんぼけ いさんができる。

れんしゅうもんだい
① 13－7

② 14－6

③ 15－8

---

③ 色板で形をつくろう

東京都青梅市立若草小学校　廣森　裕介

❶ 学びを深める授業の「しかけ」

しかけ① 問題設定におけるしかけ

　既習事項を復習し，授業の最初にもう一度，簡単なヨットの作成に取り組ませることで，子供は自信をもって次の学習に臨むことができる。ところが，本時の影絵の王冠の形をつくるという問題は，今までと同じようには解くことができないことに気付かせたい。そして，三角をどのように敷き詰めれば，同じ形を完成させることができるかを考える活動を通して，図形感覚を養っていく。

しかけ② 必要な解決を引き出すしかけ

　王冠の形をつくるために，色板の置き方を繰り返し試行する中で，三角をどの向きに置くとよいかが分かってくる。本時は，第2時で学習した自由に好きな形をつくる活動とは異なり，形に条件を付けて試行錯誤させて図形感覚を養う。ずらす，回す，ひっくり返すなどといった試行錯誤の過程で，三角が四角になることを実感させたり，組み合わせが複数あることに気付かせたりしたい。

しかけ③ まとめのための教材・教具によるしかけ

　自分の考えを写真に収めることで，自分でつくった形を図形として捉えるきっかけにすると同時に，一度に複数の考えを比較・検討できるようになる。そして，画像を見ながら，友達の考えた色の組み合わせを実際につくってみることで，同じ形でも，色板の組み合わせは複数あることに気付かせたい。

44

❷ 単元の指導計画（5時間扱い）

1	直角二等辺三角形の色板を使った，いろいろな形の構成。
2	4枚の色板を使った基本図形の構成。
3	数え棒を使ったいろいろな形の構成。
4	格子点を直線で結んでの，いろいろな図形の構成。
5 （本時）	色板を使って指定された枚数でいろいろな形をつくる活動（やってみよう）。

❸ 授業のねらい

　図形感覚を養い，形についての興味・関心を高め，基礎となる素地を養う。

❹ 授業の流れ

①問題・課題把握

●問題場面を把握する

　前時で色板の色や向きに注意して，形をつくったことを確認する。

T　絵と同じヨットをつくってみましょう。

C　みんな同じにつくることができました。

T　どんなことが同じですか？

C　色板の色と数です。

C　形と大きさも同じです。

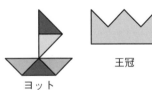

王冠

ヨット

T　次は，影絵を見て，王冠の形をつくってみましょう。 ―――[しかけ①]

C　色分けされていないから難しいです。

●問題を知り，課題をつかむ

> 問題　影絵を見て，王冠の形をつくろう。

T　色分けがされていないとどんなことが難しいですか？
C　何枚使っているのか分かりません。
C　色板の形が同じになれば，どんな色を使ってもいいと思います。
T　色板の枚数が分かれば，つくりやすくなりますね。では，今日は決められた色板の数で，影絵の形をつくってみましょう。王冠は6枚の色板でできています。

> 課題　決められた色板の数で，影絵の形をつくろう。

②自力解決
C　王冠のとがっている向きに気を付けよう。
C　とがっているところの大きさが合わないな。
C　王冠の真ん中は四角だから，三角を2枚使えばよさそうだ。
C　友達のものと違う気がするけど…

③集団検討
●答えを全体で確認する
T　比べてみて，何か気付くことはありますか？
C　色板の数も形もみんな同じにできています。
C　色は違うけど，形は同じにできています。
C　三角の向きが違います。

　子供がつくった形は，タブレットで写真を撮り，テレビやタブレットに友達の作品と並べて映し出すことによって，自分の考えと同じところや異なるところをすぐに考えることができる。

④まとめ

●本時の学習内容をまとめる

T　友達がつくった組み合わせで形をつくってみましょう。

C　同じ形にできました。

C　自分のとは違う色の組み合わせになったよ。

> **まとめ**　形は同じでも，違う組み合わせ方がある。

●発展的問題を解きながら，学習内容を振り返る

T　いろいろな影絵の形づくりに挑戦してみよう。

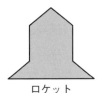
ロケット

ダイヤモンド

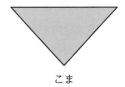
こま

❺ 板書例

えとおなじヨットをつくろう

ヨット

王かん

かげえを見て王かんのかた
ちをつくろう

めあて

きめられたいろいたのかずで
かげえのかたちをつくろう。

まとめ

かたちはおなじでも、
くみあわせはたくさんある。

④ きまりを見付けよう！

東京都青梅市立第三小学校　難波　怜央

❶ 学びを深める授業の「しかけ」

しかけ① 問題設定におけるしかけ

　数値を文字に変更して計算ピラミッドを分析してみる。3段の計算ピラミッドの下の数を左から a, b, c とすると，一番上の数が $a + 2b + c$，すなわち対称式になることが分かる。換言すれば，下の段の数の並びを逆にしても，一番上の数は同じになるのである。そしてこれは，任意の段でも成り立つ。

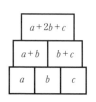

　このような分析から，本授業では深い学びを実現するために，下の数の並びを逆にしても上の数は変わらないという法則を扱おうと考えた。なお，その法則を子供が発見できるよう，下の段を124と421としたとき，543と345としたときの場合を授業の最初に考えさせることとする。

しかけ② まとめのための発問によるしかけ

　本授業で扱う法則は，任意の数や，任意の段でも成り立つというよさがある。子供がそのよさに気付くという深い学びを実現するために，考えのよさを追究する発問をし，一般性を追究する活動を行っていこうと考える。具体的には，下の数の並びを逆にしても上の数は変わらないという法則に気付いた後，「他の場合でもそのきまりは言えますか？」と発問する。そして，3段では任意の数でも適応できることや，任意の段でも適応できることを調べる活動を行っていく。

　しかし，1年生では真に一般性を追究することはできない。そこで，多くの組み合わせを子供に発表させ，それらすべてで法則が適応できることを確かめることによって，一般性が確かめられたことにする必要がある。

❷ 単元の指導計画（7時間扱い）

1	3段の計算ピラミッドを通して，計算ピラミッドのしくみを理解する。
2	4段の計算ピラミッドを確実に計算することができる。
3	3段の計算ピラミッドが一意に決まるためには，3個の数が必要であることや，下の段に3つの数を入れれば常に一意に決まることを理解する。
4	3段計算ピラミッドにおいて，下の段の数と一番上の数の法則を見付け，その一般性を確かめることができる。 （下の真ん中の数をn増やすと，一番上の数はいくつ増える？） （下の3数を入れ替えたとき，一番上の数が大きくなるときは？）
5（本時）	同上（下の3数の順序を逆にすると，一番上の数はどうなる？）
6	同上（下の3数を同じ数にすると，一番上の数はどうなる？）
7	同上（下の3数を等差数（e.g.;123）にすると，一番上の数はどうなる？）

❸ 授業のねらい

　3段計算ピラミッドにおいて，下の段の数と一番上の数の法則を見付け，その一般性を確かめることができる。

❹ 授業の流れ

1 問題・課題把握

●問題場面を把握する

　下の段の数を逆にしたときに，一番上の数はどうなるかを考察する。

　下の段の数を逆にした3段計算ピラミッドを計算し，一番上の数が逆にする前と同じになることを共有する。

> 問題　下の数と一番上の数のきまりを見付けよう！

T　124（421）のとき，一番上の数は何になりますか？　──しかけ①

C　9です！

T 543（345）のとき，一番上の
　　数は何になりますか？
C 16です！
C 一番下の段の数を逆にしても，一番
　　上の数が同じだ！
C いつでも同じになるのかな？

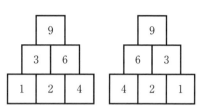

●**問題を知り，課題をつかむ**

　見つけたきまりの一般性を確かめることを共有する。

T 他の場合でも，そのきまりは言えますか？ ────── しかけ②

C 言えると思う！
C 確かめてみよう！

> 課題　下の数を逆にしても，いつでも上の数が同じ数になるかを確かめ
> よう！

②**自力解決**
C 3段のときは同じになりそうだ！
C 4段のときも言えるのかな？

③**集団検討**
●**3段のときは，一般性があることを確認する**
T 3段のときはどうでしたか？
C 他の数のときも同じ数になったので，どんな数を入れても同じ数になる
　　と思う！
C 実際に計算すると，鏡の関係になっています！

●n 段のときを考察する

C　4段のときも同じ数になりました。

C　4段のときも鏡の関係になっています！

T　他の段のときも同じ数になるかな？

C　どの段でも鏡の関係になるからなると思う！

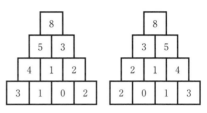

④まとめ

●本時の学習内容をまとめる

> **まとめ**　一番下の段の数を逆にしても，一番上の数は同じ数になる。

●適用問題を解く

T　一番下の数が13112のとき，一番上の数は25になります。一番下の数が21131のとき，一番上の数は何になりますか？

C　25になることがすぐに分かった！

⑤ 板書例

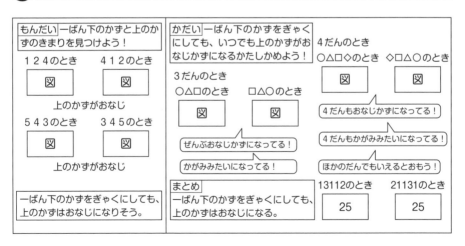

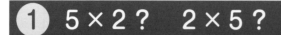

① 5×2？ 2×5？

東京都青梅市立第四小学校　桑原　一樹

❶ 学びを深める授業の「しかけ」

しかけ① 子供にかえすしかけ

　本時では，問題文を見せた後に，「せーの」で式を言わせる。問題文には「いくつ分」の数になる数字が先に出てくるため，問題文から1つ分の数といくつ分の数を正しく捉えて正しい式を言う子もいれば，1つ分の数といくつ分の数が反対になった式を言う子も出てくるだろう。1つの問題文に対して2つの式が出てきたときに，子供は「あれ？」という疑問をもち，考えたくなる。そこで「自分の式が正しいのかな」と問い返すと，「だって…」と式の根拠を考えることに必然性が生まれる。

しかけ② 仕込みを醸成するしかけ

　本時では，これまで説明するために扱ってきた図を，自分で考えるためのものとして活用するきっかけをつくることをねらう。

　かけ算の単元では，導入のときから絵や図を式にする学習を取り扱うことが多いので，絵や図を見て式を立てる力は身に付きやすい。しかし，場面と図，場面と式を結び付けて考えることについては，苦手な子供を目にすることが多い。

　普段の授業から図や絵があると分かりやすく，とても便利であることを感じられるように指導を行っておくと，本時でも説明の根拠として図や絵を使おうとする。そして，検討の場面で場面と図と式を行ったり来たりすることを通して，それぞれを結び付けて考える力が付くことが期待できる。

第2節　第2学年における具体例

❷ 単元の指導計画（25時間扱い）

1・2	1つ分の数といくつ分の数が捉えられるようになる。
3〜5	乗法の意味を確実に理解する。
6	乗法の答えは被乗数を累加して求められることを理解する。
7	倍の意味を知り，連続量も乗法で表せることを理解する。
8	乗法の式のよさを実感したり，意味理解を深めたりする。
9	学習内容を適用して問題を解決する。
10〜21	2〜5段の九九の構成を理解し，唱える。九九を適用して問題を解決する。
22	1つ分の数といくつ分の数を正しく読み取り，式を立てる。
23・24・25（本時）	学習内容の定着を確認し，理解を確実にする。

❸ 授業のねらい

問題から1つ分の数といくつ分の数を読み取り，式を立てることができる。

❹ 授業の流れ

①問題・課題把握

●問題を知り，課題をつかむ

> 問題　鉛筆を2人に5本ずつ配ります。鉛筆は全部で何本いりますか。

T　せーので式を言いましょう。 ──────────── しかけ①

C1　5×2　　C2　2×5

T　どちらの式が正しいですか？

C　5×2です。

T　本当にそうかな？

C　だって…

T　では，説明をノートに書いてみましょう。

> **課題** 式は５×２か２×５か確かめて，理由を説明しよう。

②自力解決

C１ 鉛筆を５本ずつ２人に配るから５×２です。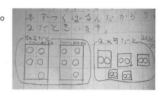
　　 ２×５だと鉛筆が２本ずつになる。だから
　　 ５×２です。
C２ ２×５ではだめなのかな。

③集団検討

●５×２と２×５のどちらになるのかを話し合う

T　　どっちの式が正しいですか？
C１　５×２です。２×５だと１つ分の数が変わります。
T　　１つ分が２ではだめですか？ ────── しかけ②
C２　だめです。問題には５本ずつ配ると書いてあるので，５のまとまりが
　　　できます。
T　　問題文どおりの図になっているのは右左どちらの図ですか？ しかけ②
C　　５のまとまりになって
　　　いるので，右です。
T　　式はどうなりますか？
C　　５が２つ分あるから５
　　　×２です。
T　　１つ分×いくつ分にな
　　　るのですね。

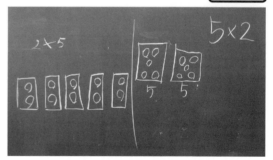

●計算し，答えを求める

④まとめ

●本時の学習内容をまとめる

T　式を確かめるのに，何が便利でしたか？

C　図をかくと１つ分の数が分かりやすかったです。

> **まとめ**　図をかくと，１つ分の数といくつ分の数がよく分かる。

●発展的問題を解きながら，学習内容を振り返る

　式から問題場面をつくる活動を行う。できた問題は絵や図，式にして２×５になっているかを全体で確認する。

T　２×５の式になる問題を考えてみましょう。

> C１　鉛筆を１人に２本ずつ，５人に配ります。
> 　　　鉛筆は全部で何本いりますか。
> C２　５人に２こずつあめを配ります。あめは何こいりますか。

❺ 板書例

えんぴつを２人に５本ずつくばります。えんぴつはぜんぶで何本いりますか。	しきをたしかめてせつめいしよう。	まとめ

えんぴつを２人に５本ずつくばります。えんぴつはぜんぶで何本いりますか。

５ × ２
２ × ５

だって、１つ分の数が…

（しき）
　　５ × ２＝10
　　　　　こたえ　10本

しきをたしかめてせつめいしよう。

２ × ５　　　　５ × ２
１つ分の数が２　　１つ分の数が５
いくつ分が５　　　いくつ分が２

もんだいとちがう　もんだいと同じ

まとめ
図をかくと、１つ分の数といくつ分の数がよく分かる。

２ × ５のもんだい

えんぴつを２本ずつ５人にくばります。えんぴつはぜんぶで何本いりますか。

５人に２こずつあめをくばります。あめはいくついりますか。

② $\frac{1}{3}$ってつくれるの？

東京都三鷹市立東台小学校　稲葉　圭亮

❶ 学びを深める授業の「しかけ」

しかけ① 既習事項にもどすしかけ

前時では$\frac{1}{2}$，$\frac{1}{4}$の学習を行うと子供からは，「$\frac{1}{3}$は学習しないの？」と新たな問いが生まれる。また学習指導要領（H29）では，「$\frac{1}{2}$，$\frac{1}{3}$の簡単な分数に〜」という言葉が追加された。ここに注目すると，子供の問いを生かすことができる。また，前時までに，等しく分ける操作は折るだけではないことを扱うことで，以降でも活用することができる。

しかけ② 子供にかえすしかけ

前時までに「ぴったり重なる２つの量の１つ分が$\frac{1}{2}$」と学習をしているが，具体的な操作で$\frac{1}{3}$をつくるのはなかなか難しい。２年生の分数の説明では，子供は納得がいかない。しかし，子供は「目印が欲しい」「長さが分かれば」と違う条件が欲しいという必要感をもちながら学習が進むことになる。定規を出して測ったり，折ったりする操作でできないかと動く。これは，つくれそうでつくれないという状況を設定したことで子供が自立的に行うのである。また前時で学習した，別の紙やノートのマスを使った様々な分け方を活用し，$\frac{1}{3}$も同じようにつくることができないかと考えを統合していく。数量の分け方によっては「ぴったりいかないよ」を引き出すと，分数の理解とともに数感覚が育まれる。最後に「$\frac{1}{3}$だけかわいそうだね」と発問すると「いや他にもある」「$\frac{1}{5}$，$\frac{1}{7}$も」と，分ける活動を充実することで数の見方が変わり，発展的に捉えられる力が付いたことも実感できる。また，本当につくれないのかを問い直すことも大切である。概念として定着を図ることも大切であるが，学んだことを問い直すことも算数のよさの一つである。

❷ 単元の指導計画（４時間扱い）

1	半分，四半分をつくってみよう。
2（本時）	$\frac{1}{3}$ も同じようにつくることができるのか考えよう。
3	もとの大きさの $\frac{1}{2}$，$\frac{1}{4}$ の大きさを選ぶ。
4	もとの長さが違うと，その $\frac{1}{2}$ の長さも違うことをまとめる。

❸ 授業のねらい

$\frac{1}{3}$ も $\frac{1}{2}$，$\frac{1}{4}$ のときと同じように，操作しながらつくることができる方法を考える。

❹ 授業の流れ

①問題・課題把握

T この長方形の $\frac{1}{2}$ をつくることができる人いますか？

C ちょうど真ん中から折ってできた１つ分を $\frac{1}{2}$ と言います。

C 違う分け方もあるよ。これも $\frac{1}{2}$ だよ。

T では，次は $\frac{1}{3}$ をつくることができる人？ ────── しかけ①

C できるよ！

C ３つには，分けられてるけど…

C 少しずれてるよ。

C あれ？ 何度折っても $\frac{1}{4}$ になっちゃった。

●既習を振り返ることで，具体的な操作で $\frac{1}{3}$ をつくる際の困り感を抱かせる

課題 ぴったりになるように分けよう。

C しるしが欲しい。

C　長さが分かれば。

T　今，しるしや長さが分かればと言っているけど，　
　　気持ちが分かりますか？

C　折るだけでは，ぴったりにすることは，難しいから，例えば下の長さが
　　9cmだったら，3つに分けると1つ分は3cmだから，しるしをつけると
　　できる。

②自力解決

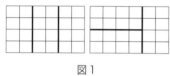

図1
マス作戦を使おう！

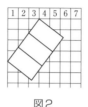

図2
ノートマス作戦を使おう！

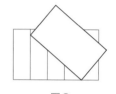

図3
紙2枚作戦を使おう！

③集団検討

●答えを全体で確認する

T　みなさん，どのように分けましたか？

C　昨日習った分け方を使うとできました。

C　ノートのマスを使い，1と3の数字のかどと紙のかどを合わせます（図
　　2）。そうして，真ん中にある2本の線（長辺に交わる縦線2本）にし
　　るしを付けて線を引くと3つに分かれる。

C　2枚の紙を使うとできます（図3）。1枚の紙を2回か3回折ります。
　　もう1枚を斜めにおいて線をひくと，つくることができました。

C　（ここで，同じ長方形に縦4つ，横6つのマスをかいたものを子供に配
　　布する）マスを2列ずつに分けるとぴったりになりました（図1）。

C　違う言い方ができるよ。マスは全部で24こあるので，それを8こずつに
　　分けると同じ数になるから，$\frac{1}{3}$にできたということだよね。

C　式にもできたよ！　4×6＝24でしょ。

T 式の意味が分かりますか？

C マスは縦に4こ，横に6こあるから，4×6ができると思います。

●考え方を共有する

C ぼくは，違う分け方をしたよ（右図）。

T この分け方を見てどう思いますか？

C いいと思います。8こずつになっているよ。

C でも形が同じじゃないから，重ねてもぴったりにならないよ。

T じゃあこの分け方は$\frac{1}{3}$とは言えないね。

C いや，この縦の2列を半分に切って横に並べると，ぴったりにできるよ。

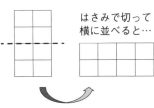

はさみで切って横に並べると…

④ まとめ

●本時の学習内容をまとめる

まとめ　$\frac{1}{3}$も$\frac{1}{2}$，$\frac{1}{4}$のときと同じように作戦を使うとつくることができた。

⑤ 板書例

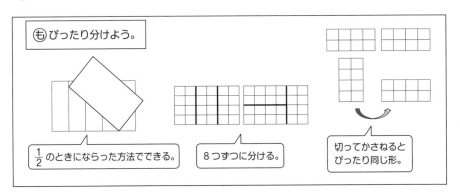

も ぴったり分けよう。

$\frac{1}{2}$のときにならった方法でできる。

8つずつに分ける。

切ってかさねるとぴったり同じ形。

③ □を求めるには？

東京都青梅市立第四小学校　桑原　一樹

❶ 学びを深める授業の「しかけ」

しかけ① 仕込みを醸成するしかけ

　単元の中では繰り返し，図をかくことを指導していく。しかし，完成した友達の図や，黒板にかかれた図を写すだけでは，図を活用して問題を解決することができるようにはなかなかならない。

　この単元では，図が完成するまでの手順を説明しながら図をかいていく。また，図を板書したり，子供に発表させたりするときも完成形を見せるのではなく，手順を確実に見せることで，問題文と図が結び付く。

　この授業を行った学級では，単元を通してそれを行ってきた。問題の時間の流れが少し意識できるようになった結果，後から増えた部分を隠したときに「もとにもどった」というつぶやきが出た。

　図がかけるようになることは重要であるが，かくだけでなく活用もできるように指導していきたい。

しかけ② まとめのための教材・教具によるしかけ

　低学年の学習においては，具体物や半具体物を操作しながら問題解決をすることで問題場面をイメージすることができる。

　しかし，今回はあえて問題を解決した後に問題場面を実際に再現する。授業の中でテープ図を使って場面を整理し，式と図を結び付ける。そして授業の終わりに場面を実際に再現することで式と図と，実際の場面とを結び付ける。

　この活動によって，子供たちが場面と図のつながりを意識しながらテープ図をかいたり，読み取ったりすることができるようになっていくと考える。

❷ 単元の指導計画（7時間扱い）

1	3つの数量関係をテープ図に整理し，全体または部分が未知数の場合の式を考える。加法と減法の相互関係を理解する。
2	加法逆の減法（未知数が後から出てくる場合）の問題解決を通して，加法と減法の相互関係についての理解を深める。
3	減法逆の減法（未知数が後から出てくる場合）の問題解決を通して，加法と減法の相互関係についての理解を深める。
4	減法逆の加法（未知数が先に出てくる場合）の問題解決を通して，加法と減法の相互関係についての理解を深める。
5 （本時）	加法逆の減法（未知数が先に出てくる場合）の問題解決を通して，加法と減法の相互関係についての理解を深める。
6	減法逆の減法の問題づくりを通して，場面をテープ図や式に表し，問題を解決する力を伸ばす。
7	学習内容の定着を確認し，理解を確実にする。

❸ 授業のねらい

　はじめの数が分からない問題場面をテープ図を活用して，□を求めるには減法の式になることに気付く。

❹ 授業の流れ

①問題・課題把握
●問題場面を把握する

> 教室に□人いました。後から8人来たので，27人になりました。

C　もともと何人いたの？

T　それが分かりません。調べられますか？

> 問題　教室に何人かいました。後から8人来たので27人になりました。
> もともと何人いましたか。

●問題を知り，課題をつかむ

T　　どんな計算をしたら分かりそうですか？

C1　たし算。　　C2　ひき算。　　C3　分からない。

T　　困ったなあ。どうしよう。

C　　テープ図を使ったらいいと思います。

課題　テープ図を使って式を考えよう。

②自力解決

C1

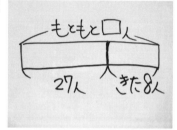

C2

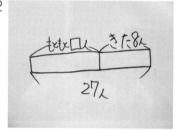

③集団検討

●考えを全体で確認する

T　　どのようなテープ図ができましたか？━━━━━━　しかけ①

C　　どっちが合っているのかな？

C　　問題と同じになっているのはC2だと思う。

T　　どうしてそう思いますか？

C　　もともといた人のところに，後から増えているからです。

●式と答えを確認する

T　　テープ図は完成しましたね。では，もともといた人数を調べるにはどん
　　　な計算をしたらいいですか？

C　　27－8です。

62

C　増えた分をとるのでひき算になります。

T　せっかく増えたのにとっていいですか？

C　とると，もともといた人数だけになるのでいいです。

　　テープを用意し，とるともとに戻ることを実際に確認する。──［しかけ②］

T　答えを求めましょう。

C　27−8＝19で，答えは19人です。

④まとめ

●本時の学習内容をまとめる

T　今日はテープ図をどのように使いましたか？

C　増えた分を切りました。

C　切ったらもとに戻りました。

> **まとめ**　増えた分をとる（ひく）と，もとの数が分かる。

❺ 板書例

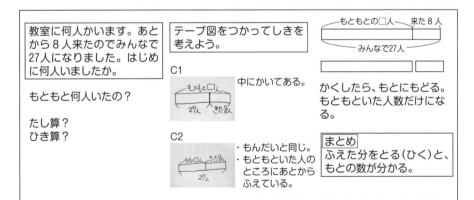

④ どの道が一番早いかな？

東京都三鷹市立東台小学校　稲葉　圭亮

❶ 学びを深める授業の「しかけ」

しかけ① 問題設定におけるしかけ

　単位とは，自分で設定できるからこそ価値がある。特に任意に単位または基準を設定し，比べる活動は大いに価値付けたい。今回は，はじめに，格子状のマスを道（①とする）に見立てて，2箇所のゴール地点のうちどちらの距離が短くなるかを比較する。ここでは，何マス進んだかで距離を比べることができる。次に，格子状でなく，様々な長さの道や障害物が混在した道（②とする）の図を提示して，距離を比較する。①で共通の単位で比べたことをどうにか適応できないかと考える子供と，任意単位を設定する子供，長さに着目する子供を引き出す。共通していつでも比べられる方法はないかと考えたときに，長さに着目した子供から，すべての長さをたすと全体の長さになる等の考えが出ることで，長さで表すよさを実感することができる。

しかけ② 子供にかえすしかけ

　①と②の場面の違いから「さっきの考えは使えなさそう」と子供に発想させるしかけをする。②の場面を見た子供は「え～！」などの反応をする。「なぜ，え～！　と言ったの」と問うと子供は，「だって～」と比較しながら説明をする。②では，基準となるマスを見出し，その半分や2倍と考えれば比べることができると考え進める。基準となるマスの半分や2倍と考えることは，同じ基準で比べるということであり，①の考え方を②の場面でも活用したということである。このように，場面が違うように見えても，考えの本質を捉え，比較する際に基準を設定する見方・考え方を働かせることができるようなしかけを行うことが，普遍単位を学ぶ上では重要である。

❷ 単元の指導計画（11時間扱い）

1～3	基準となる大きさを単位として，そのいくつ分で測定する。「cm」「mm」を用いればよいことを理解する。
4（本時）	基準となる大きさを単位として，そのいくつ分で測定する。
5・6	身の回りにあるものの長さを測定し，単位を用いて表す。
7	30cmものさしの目盛りを読んだり測定したりする。
8	長さには加法性があることを理解する。
9・10	長いものの長さをmで表すことを知り，測定する。
11	習熟と発展を図る。

❸ 授業のねらい

　任意単位で比べることの困りから，普遍単位で比べることの必要を感じながら長さを伝え合う活動を通して，長さの表し方について理解する。

❹ 授業の流れ

①問題・課題把握

●問題を知り，課題をつかむ

T　迷路をしよう！　猫がスタートで，建物がゴールです。

C　建物は2つあるけど，どちらでもいいの？

T　どちらでも大丈夫です。じゃあスタート！

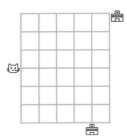 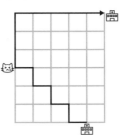

C　簡単でした。こっちの道のほうが早かった。しかもよく見ると猫ちゃん

が泣いています。

T　そう！　実はけがをしていて病院に連れていきたいんだよ。

C　早く病院に連れていきたい。早い道はどの道かな？

T　どちらが早いですか？　どうやって，比べるといいかな？　──しかけ①

C　上の病院は8マスで，下の病院は7マスだから下の病院の方が早いよ。

C　面白い！　どの道でも一番早く行こうとすると7マスだ！

T　じゃあ次はこんな道なんですが…

C　え～！　困ります。

T　どうして「え～！」と言ったの？　──しかけ②

C　だって，さっきは同じマスの長さだったから比
　　べられたけど，今度は，長さが違うから比べる
　　ことができない。

C　さっきのマスの半分のものもあるし，2つ分の
　　ものもある。

課題　どうやって比べたらいいのかな？

---

②自力解決

C　さっきと同じように線を引いたけど…切って伸ばしてみたら分かるかな。

C　さっきのマスの2つ分や半分があるから比べにくいけど，同じように考
　　えてマスを数える。

③集団検討

●答えを全体で確認し，考え方を共有する

C　いろいろな道を探してみました。そうすると7マスと7マスとちょっと
　　の道で7マスの方の道が早く病院につくことが分かりました。

T　どうやって調べましたか。

C　道を切って伸ばせば，どちらが長いか分かるので，切って比べました。

|||||||| 7マス
|||||||| 7マスとちょっと

C　前の時間に，カエルとばし大会をしたけど，そのときも消しゴム何個分とか鉛筆何本分で比べて，結局どちらが勝ったか分からなくて困った。でも，今回はマスがあったから比べることができた。でも…7マスと半分やちょっとはどう表すといいのかな？

C　ちょっとの長さをいつでも表すことはできないかな？

C　さっき伸ばした長さをじょうぎで測ると分かるよ。7cmと7cm5mmになった。

T　みなさんも測ってみましょう。

④まとめ

> **まとめ**　cmやmmを使うと長さが比べられる。

❺ 板書例

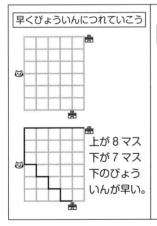

| 早くびょういんにつれていこう |

上が8マス
下が7マス
下のびょういんが早い。

| どうやってくらべるの？ |

上が7とちょっと。
下が7マス。
下の方が早い。

| 7マスとちょっとの「ちょっと」はどうあらわすの？ |

7マスとちょっと
7マス

| じょうぎではかる |

じょうぎではかると…
7マスとちょっと→7cm5mm
7マス→7cm

| まとめ　cmやmmをつかうと長さが比べられる。 |

① どれが $\frac{1}{4}$ だろう

東京都三鷹市立高山小学校　黒坂　悠哉

① 学びを深める授業の「しかけ」

しかけ① 既習事項にもどすしかけ

　4等分して10cm（黄色），20cm（赤色），25cm（青色）になる3種類のテープを用意し，この中から $\frac{1}{4}$ mなのはどれなのかを考えさせる。子供からはまず，「折りたたんだものを広げて1mに重ねたい」「折りたたんだものの長さを測りたい」といった考えが出てくる。はじめにこのような考え方を引き出しつつ，あえてその考え方を使わせないことで，どうにかして答えを出したいという意欲を高めることができる。

しかけ② 仕込みを醸成するしかけ

　本時で用意するテープは，10cm＝ $\frac{1}{10}$ m（黄色），20cm＝ $\frac{1}{5}$ m（赤色），25cm＝ $\frac{1}{4}$ m（青色）の3種類である。このような数値設定にしておくことで，青色のテープが $\frac{1}{4}$ mであることがはっきりした後に，「他のテープは何分の1mと言えるのか」と発展的に考えることができる。

しかけ③ 子供の反応を価値付けるしかけ

　 $\frac{1}{4}$ mがどれなのかを考えるときには，1mのテープを折って4等分して重ねる方が短い時間でできることから，優れた方法だと考えられる。しかし，他の2本のテープが何分の1mなのかを考える場合は，1mのテープを何等分にすればよいのか簡単には分からない。「区切ってやってみようかな」「区切ってやった方がやりやすい」などといった子供のつぶやきを価値付け，算数を楽しむ素地を育てていくことが大切である。

❷ 単元の指導計画（11時間扱い）

1（本時）	$\frac{1}{4}$mの意味と表し方を知り，理解を深める。
2	分数の大きさは，単位分数の何こ分で表すということを理解する。
3	「分数」「分母」「分子」の用語の意味を知り，液量についても，端数部分の大きさを分数で表せることを理解する。
4	等分することや，単位分数の何こ分で大きさを表すことの理解を深める。
5	数直線に表された分数を読み取り，分数の大きさの表し方や大小について理解する。
6	単位量を超える大きさも分数で表せることを理解する。
7	$\frac{3}{4}$mと，もとの長さの$\frac{3}{4}$の違いについて理解を深める。
8	分母が10の分数と$\frac{1}{10}$の位までの小数の関係について理解する。
9・10	分数の加減法の仕方について理解し，計算ができる。
11	学習内容の定着を確認し，理解を確実にする。

❸ 授業のねらい

$\frac{1}{4}$mの意味と表し方を知り，理解を深める。

❹ 授業の流れ

①問題・課題把握

●分数について振り返り，$\frac{1}{□}$mの意味を知る

　折り紙を使い$\frac{1}{2}$，$\frac{1}{4}$，$\frac{1}{8}$の表し方について振り返る。テープなどの他のものでも，等分したものの1つを「何分の1」と表すことができることも確認しておく。ICT機器を活用し，テンポよく振り返りをする。

T　1mの$\frac{1}{3}$の長さを，$\frac{1}{3}$mと書き，「3分の1メートル」と読みます。
　　$\frac{1}{3}$mは，その3こ分で1mになる長さです。

$\frac{1}{2}$m, $\frac{1}{4}$mについても同様に確認し, $\frac{1}{\square}$mの意味をおさえる。意味を確認するためのテープを黒板に掲示しておき, 次の活動でそのテープを使えばよいという考えを引き出す。

● **問題を知り, 課題をつかむ**

T　テープを折ります。それぞれ, もとのテープの何分の1ですか?

C　全部$\frac{1}{4}$です。

問題　どれも$\frac{1}{4}$ですが, どれが$\frac{1}{4}$mでしょうか。　——　

C　もとのテープの長さが知りたいです。長さを測ってもいいですか?

課題　長さを測らずに, どれが$\frac{1}{4}$mか調べられないかな。

② **自力解決**

C　1mのテープに重ねてみよう。

C　1mのテープを4等分してみよう。

　10cm(黄), 20cm(赤), 25cm(青)と, 基になる1m(白)のテープを人数分用意しておき, 手元で操作しながら考えることができるようにする。

③ **集団検討**

● **答えを全体で確認し, 考え方を共有する**

C　青が$\frac{1}{4}$mです。

T　どうして青が$\frac{1}{4}$mと言えるのですか?

C　白のテープを4等分したものと, 青が重なるので, 青が$\frac{1}{4}$mです。

C　白のテープを青のテープで区切っていくと, ちょうど4つ分です。だか

70

ら青が$\frac{1}{4}$mです。

1年

2年

3年

4年

5年

6年

4 まとめ

●本時の学習内容をまとめる

T　長さを測らなくても, $\frac{1}{4}$mを確かめることができましたね。

> **まとめ1**　調べたいテープで1mのテープを区切っていくとよい。1m
> のテープを等分して重ねるとよい。

●発展的問題を解きながら, 学習内容を振り返る

T　黄色と赤のテープは何分の1mと言えばよいのでしょうか？　**しかけ②**

C　1mのテープをいくつに折ればよいか分からない。

C　黄色は5つ分で1mだから, $\frac{1}{5}$mだ。

C　1mを区切った方が分かりやすい。　───────── **しかけ③**

> **まとめ2**　1mのテープを区切る方法は, いつでも使えそうだ。

5 板書例

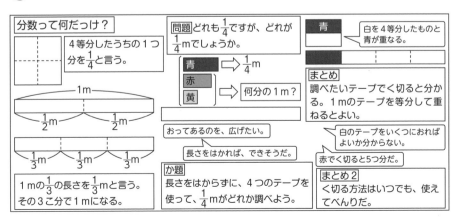

② 3年生全体のランキングをつくろう

東京都青梅市立第四小学校　桑原　一樹

❶ 学びを深める授業の「しかけ」

しかけ① 必要な解決を引き出すしかけ

　CMや電車の広告などで，円グラフや棒グラフを目にする機会は多い。これらは，企業が宣伝効果を期待して，実績や効果がより伝わるように，工夫して作成している。きちんと読み取らないと，間違えて捉えてしまうこともある。

　新学習指導要領解説に「多くの情報が氾濫する高度情報化社会では，目的に応じて情報を適切に捉え，的確な判断を下すことが求められる」とあるように，これからの子供たちには，情報をきちんと読み取る力や，目的に合わせて与えられたデータを活用していく力を身に付けていく必要がある。

　本時では，1組と2組の好きな遊びについてのグラフの棒の部分だけを提示する。本時までに棒グラフの読み取り方やかき方については学習をしているので，数値が書いてあると，比べるときに数値で比べたくなるからだ。棒の部分だけを提示し，問いを投げかける。数値がない状態で問題を解決しようとしたときに，棒を動かしたくなると考える。

しかけ② 必要な解決を引き出すしかけ

　情報に働きかける姿勢を助けるものとして，一人一人に教材を配付する。しかし，1組，2組の棒をすべて配付すると，情報が多すぎる。したがって，1組の棒を印刷したワークシートと，2組の棒のみを子供に配る。

　1組の棒は動かすことができないため，2組の棒を並べたり，ワークシートに重ねたりすることになる。

❷ 単元の指導計画（9時間扱い）

1	資料を分類整理する方法や整理した結果を表にまとめる方法を理解する。
2	資料を棒グラフに表すと数量の大小が分かりやすいことや，棒グラフの読み取り方を理解する。
3	数量が横軸に表されている棒グラフが読み取れるようになる。
4・5	棒グラフのかき方を理解し，棒グラフをかくことができるようになる。
6（本時）	調べたい目的に合わせて棒グラフの棒を操作することができるようになる。
7	目盛りの付け方が異なる3つの棒グラフを見比べて，棒グラフについての見方や考え方を広げる。
8	1次元表を組み合わせた簡単な2次元表を読むことができるようになる。
9	学習内容の定着を確認し，理解を確実にする。

❸ 授業のねらい

調べたい目的に合わせて棒グラフの棒を操作することができる。

❹ 授業の流れ

1 問題・課題把握

●問題場面を把握する

T　去年の3年生の好きな遊びアンケートの結果の棒グラフを持ってこよう
と思ったのに，棒しか見つかりませんでした。 ────── しかけ①

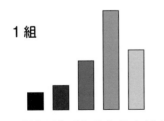

1組　　　　　　　　　　　2組

C　どれがどの遊びか分かりません。

T　1組の表だけありました。この表があったら分かりますか?

ブランコ	2人
こおり鬼	3人
サッカー	6人
ドッジボール	12人
ふえ鬼	7人
合計	30人

C　これがドッジボールで…

T　1組の好きな遊びランキングはどうなりますか?

C　1位はドッジボールで,2位がふえ鬼で…

T　何を見て考えましたか?

C　表です。

T　では,2組のランキングはつくれないかな?

C　棒を並び替えたらつくれます。

T　できましたね。では,3年生全体のランキングはどうなるでしょう。

問題　3年生全体の好きな遊びランキングをつくろう。

C　棒を動かしてもいいですか?

T　もちろんいいです。

●1組の棒が印刷されたものと,2組の棒を
全員に配る ──────── しかけ②

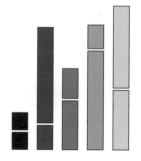

2 自力解決

C　どう動かそう。

C　縦に並べてみようかな。

③集団検討
●考えを全体で確認する

T　ランキングはできましたか。どうやって調べましたか？

C1　縦に並べて調べました。

T　C1さんは，どうして縦に並べたのでしょう？

C　3年生全体のランキングを知るためには，1組と2組の合計を知りたいから…

C　グラフも合わせればいいんだ。

④まとめ
●本時の学習内容をまとめる

T　今日は棒をどんなふうに使いましたか？

C　クラスのランキングを調べるときには横に並べました。

C　3年生全体のランキングを調べるには，縦に合わせました。

> **まとめ**　比べるときには横，合わせたいときには縦に合わせる。

⑤ 板書例

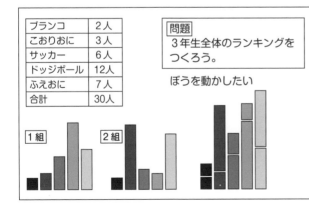

ブランコ	2人
こおりおに	3人
サッカー	6人
ドッジボール	12人
ふえおに	7人
合計	30人

1組　2組

問題
3年生全体のランキングをつくろう。

ぼうを動かしたい

3年生全体は、1組と2組の合計
→グラフも合わせる

まとめ
くらべるときには、横にならべる。合計を知りたいときは、たてに合わせる。

③ 横向きの棒グラフを読み取ろう

東京都青梅市立若草小学校　廣森　裕介

❶ 学びを深める授業の「しかけ」

しかけ① 既習事項にもどすしかけ

　問題提示の場面で，横軸のグラフをはじめて見ることとなる。今までの縦軸のグラフとの違いに戸惑い，すぐに自力解決に取り組めない子供がいるかもしれない。また，項目は大きさ順ではなく，系列順に並べて示されることがあることも新たに確認しなければならない。このように問題把握をきちんと行うためには，既習事項へもどすことが大切である。問題把握の際に，1目盛りの大きさやグラフを読み取る手順について一緒に確認をしていく。課題に対する解決の見通しがつきやすくなり，「どうにかして答えを出せないか」と考えることができるようになる。子供の主体性を引き出すことにもつながっていく。

しかけ② 問題設定におけるしかけ

　2つのグラフを比べる活動には，ただグラフを読み取るだけでなく，どのように比較するか検討しなければならない面白さがある。多く読んだ方はどちらかという問題に対する1つの答えに対して，目盛りの数や，合計の時間，曜日ごとの勝敗など，比較の根拠となる考えはいくつか出されることが想定される。さらに，ただ目盛りを読み取るだけでなく，「一番多く読書をしたのは何曜日か」と問い，グラフを読むときの観点を広げてあげることもよい経験となる。子供がグラフの見方や比べ方を工夫することができるところに，この問題の有意性がある。

❷ 単元の指導計画（9時間扱い）

1	資料を分類整理する要領と結果の表への表し方を知る。
2	資料を分類整理して表に表すことができるようになる。
3	簡単な棒グラフを読むことができるようになる。
4（本時）	数量が横軸に表されている棒グラフを読むことができるようになる。
5・6	棒グラフの書き方とその練習をする。
7	目盛りのとり方が違う棒グラフについての考察をする。
8	1次元表を組み合わせた簡単な2次元表を読むことができるようになる。2次元表の有用性を理解する。
9	学習内容の理解（しあげ）。

❸ 授業のねらい

　数量が横軸に表されている棒グラフを読み取ることができる。

❹ 授業の流れ

①問題・課題把握

●問題場面を把握する

　前時までの学習で，棒グラフの読み方や，視覚的に大小比較がしやすいという棒グラフのよさを理解している。棒グラフの読み取りを通して，課題解決にあたれる問題を設定する。

問題　下のグラフは先週読書をした時間を表したものです。
　　　AさんとBさんの2人のうちどちらが多く読んだでしょうか。

T　どのようにグラフを読み取りますか？　────────── しかけ①

C　1目盛りの大きさを調べます。

C　1目盛り5分です。

C　曜日ごとに並べてあります。

T　大きい順で並べないこともあるのですね。

Aさん　　　　　　　　　　　　Bさん

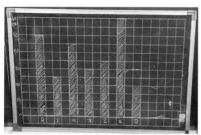 

●問題を知り，課題をつかむ

T　2つのグラフを比べてみてください。

C　Bさんのグラフは横向きになっています。

C　向きを変えたら同じになりそうです。

T　同じとはどういうことですか？

C　縦のグラフと同じように読むことができそうということです。

> 課題　横向きの棒グラフを読み取ろう。

②自力解決

C　曜日ごとに比べてみよう。

C　目盛りを全部数えたら分かりそうだ。

C　曜日ごとの時間をすべてたしてみよう。

③集団検討

●答えを全体で確認する

T　AさんとBさん，どちらが多く読みましたか？

C　Bさんです。

●考え方を共有する ──────── しかけ②

C 目盛りを全部数えると，Aさんは53目盛り，Bさんは56目盛りでした。

C 棒グラフを読み取って合計すると，Aさんは265分，Bさんは280分でした。Bさんの方が15分多く読みました。

C 曜日ごとに比べて勝ち負けをつけると，Bの方が多く勝っています。

	A	B
月	○	
火		○
水		○
木	―	―
金		○
土	○	
日		○
勝敗	2	4

4 まとめ

●本時の学習内容をまとめる

T 横向きの棒グラフと縦向きの棒グラフを比べることができましたか？

C 横向きの棒グラフは，縦向きの棒グラフと同じように読めました。

> **まとめ** グラフは横向きでも，縦向きでも同じように読める。

❺ 板書例

| 問題 | 下のグラフは先週読書をした時間を表したものです。Aさんとbさんの2人のうちどちらが多く読んだでしょうか。

か題
横向きのぼうグラフを読み取ろう。

答え
Aさんは53目もり、Bさんは56目もり。

Aさんは265分、Bさんは280分、Bさんの方が15分多い。

曜日ごとの勝ち負けは、Aさんが2回、Bさんが4回で、Bさんの方が2回多く勝った。

まとめ
グラフは横向きでも、たて向きでも同じように読める。

	A	B
月	○	
火		○
水		○
木	―	―
金		○
土	○	
日		○
勝はい	2	4

たてのグラフと同じように読むことができそう。

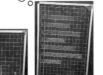

④ どちらが正しい？

東京都青梅市立若草小学校　大矢　亜佐子

❶ 学びを深める授業の「しかけ」

しかけ① 既習事項にもどすしかけ

　今日の授業ではどんな課題になるのか，既習をおさえて違いを明確にする。そうすることで，本時の課題が浮き彫りになる。また，既習を生かして本時の授業の解決をすることも可能である。本時で取り扱った問題を通して身に付けた力は，適応問題に取り組ませることで価値付けていく。

しかけ② 経験を手繰るしかけ

　本時の「位をそろえて計算する」は，子供によっては「筆算は，右にそろえて数字を書けば位をそろえたことになる」と勘違いすることがある。そのため，位をそろえるとはどういうことかをペアで話し合い，記憶をたどらせ，考え直すきっかけをつくる。教師はペアでの話をよく聞き，「なぜそう思ったの？」と発想に注目させていく。

しかけ③ 子供の反応を価値付けるしかけ

　ペアで話し合い，自分の考えをさらに確立させた子供や，考えを見直した子供が，位をそろえて計算することの本質を理解し，全体で話し合いをする。
　その際に，よいと思った子供の言葉を教師はしっかり拾い，価値付けていく。自分の言葉で説明できた子供は，価値付けられたことにより理解を深め，自信をもつだろう。子供の考えの板書をしたり価値付けをしたりして，小数のたし算やひき算の筆算の仕方を確実にしていく。

❷ 単元の指導計画（10時間扱い）

1・2	整数で表せない端数部分の大きさを表すのに小数が用いられることを理解する。
3	長さ（㎝）の場合も小数を用いて表すことができ，小数を用いると単名数で表すことができることを理解する。
4	数直線に表された小数を読んだり，数直線に小数を表したりすることができるようになる。
5	用語「小数第1位」を知り，小数の位取りの仕組みや数の構成を理解する。
6	小数の大小関係について理解する。
7・8	小数第1位同士の小数の加法とその逆の減法の計算の仕方を理解し，それらの計算ができるようになる。
9 （本時）	小数第1位までの小数の加減法の筆算の仕方を理解し，それらの計算をすることができるようになる。
10	小数についても，いろいろな見方や表し方ができることを理解する。

❸ 授業のねらい

　小数第1位までの小数の加減法の筆算の仕方を理解し，それらの計算をすることができる。

❹ 授業の流れ

①問題・課題把握
●前時の計算を振り返り，問題を把握する

　前時は，繰り上がり・繰り下がりのない値を用いた。

T　小数の計算で大事なことは何でしたか？ ──────

C　同じ位同士を計算する。

●問題を知り，課題をつかむ

| 問題 | ①3.6＋5.9　　②4.5－2.8　　③28＋5.3 |

T　前回までの問題のようにパッと答えを出せますか？

C　少し時間がかかりそう。繰り上がりや繰り下がりがありそうです。

T　なるほど。そういうときに簡単に答えを求める方法がありましたね。

C　筆算です。

課題　小数の筆算の仕方を考えよう。

2 自力解決

C 1　問題①は，3.6＋5.9＝9.5

C 2　問題②は，4.5－2.8＝1.7

T　整数の筆算の仕方と同じでしたね。みんなが気を付けたことは何ですか？…※

C　位をそろえたことです。

C　小数点を問題と同じ位置に打ちました。

T　いいですね。③もやってみましょう。

C 3　28＋5.3＝33.3

C 4　28＋5.3＝8.1

$$\begin{array}{r} 3.6 \\ +5.9 \\ \hline 9.5 \end{array}$$

C 1

$$\begin{array}{r} 4.5 \\ -2.8 \\ \hline 1.7 \end{array}$$

C 2

$$\begin{array}{r} 28 \\ +\ \ 5.3 \\ \hline 33.3 \end{array}$$

C 3

$$\begin{array}{r} 28 \\ +5.3 \\ \hline 8.1 \end{array}$$

C 4

　※のように，教師は適宜，基本事項の確認を行ったり，子供の考えの根拠を尋ねたりする。

3 集団検討

●考え方を共有する

T　同じ式でも，それぞれの問題の答えが2通りずつありそうです。どちらが合っているのだろう？　ペアで話し合ってみてください。

●ペアで話し合いをする ─────────── しかけ②

●話し合ったことを発表する

C C 4が合っている。右に数字をそろえているから，位をそろえている。

C 28の8と5.3の5は1の位だから，5と8をそろえるんじゃないのかな。

C 3は小数第1位だから，8に合わせてはいけない。

C 8の隣は見えない0がありそう。

T なるほど。では同じ位でそろえているのはどちらだろう？ ──しかけ③

C C 3の考えです。

C 小数点をそろえると簡単にできそう。

T そうですね。小数の計算では，右にそろえると位がそろわないときがあります。必ず小数点をそろえ，位をそろえることに気を付けましょう。

4 まとめ

●本時の学習内容をまとめる

> **まとめ** 小数の筆算は，小数点をそろえて書き，位をそろえて計算する。

●練習問題をやる

④53−3.7

5 板書例

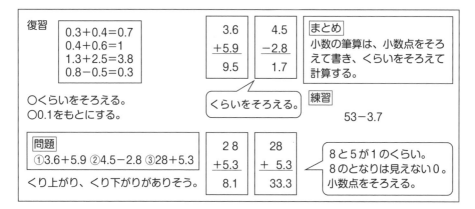

復習
0.3+0.4=0.7
0.4+0.6=1
1.3+2.5=3.8
0.8−0.5=0.3

3.6
+5.9
9.5

4.5
−2.8
1.7

まとめ
小数の筆算は、小数点をそろえて書き、くらいをそろえて計算する。

○くらいをそろえる。
○0.1をもとにする。

くらいをそろえる。

練習
53−3.7

問題
①3.6+5.9 ②4.5−2.8 ③28+5.3

くり上がり、くり下がりがありそう。

28
+5.3
8.1

28
+ 5.3
33.3

8と5が1のくらい。
8のとなりは見えない0。
小数点をそろえる。

① 2.5倍って何？

東京都青梅市立友田小学校　田中　秀忠

❶ 学びを深める授業の「しかけ」

しかけ① 子供にかえすしかけ

　基準量に対して何倍になるかについては，３年生から指導が始まる。はじめは，「子クジラの体長は３ｍで親クジラの体長は９ｍです。親クジラの体長は子クジラの何倍ですか」といった問題から始まる。４年生でも，本単元の学習の前までは，数値が大きくなっただけのものを扱う。しかし，本単元の学習ではじめて，商が小数になることを学習する。そこで，小数の倍ということが本時の課題となるのである。だいたい，商がわり切れ，基準量が商の整数倍になることが稀であると教師は分かっているが，子供はそうは考えていない。２倍を超えたら次は３倍になると思っている。そこで，「商は2.5倍でいいの？」という疑問が生まれる。しかし，基準量に対する倍数は，前述のとおり，整数になることの方が稀であり，小数になることの方が通常多い。今回の問題の場合も，100cm以上150cm未満の比較量になったときは，すべてが2.□倍となるわけである。子供に違和感を抱かせるところが今回の話し合いのポイントとなる。しかし，2.5倍は中途半端な答えではなく，実は，２倍から３倍の間には，さまざまな答えがあることを理解させ，そのことに対する自分の考え方を対話させたい。

しかけ② 既習事項にもどすしかけ

　本単元で，整数同士の除法ではあるが，被除数より除数が大きい場合をはじめて学習する。立式にあたりどちらの数を被除数にするのか混乱する。そこで，もっと分かりやすい数値を提示することと「言葉の式」を確認することによって，本題の立式を確実にできるようにする。

❷ 単元の指導計画（15時間扱い）

1	小数に整数をかけることの意味と計算の仕方を理解する。
2・3	$\frac{1}{10}$の位までの小数に1〜2位数をかける筆算の仕方を理解する。
4・5	$\frac{1}{100}$の位までの小数に1位数をかける筆算の仕方の理解，学習内容の習熟。
6	小数を整数でわることの意味と計算の仕方を理解する。
7	$\frac{1}{10}$の位までの小数を1位数でわる筆算の仕方を理解する。
8・9	$\frac{1}{10}$，$\frac{1}{100}$の位までの小数を1〜2位数でわる筆算の仕方を理解する。
10	余りがある場合の筆算の仕方と検算の仕方を理解する。
11	整数÷整数でのわり進みをするときの筆算の仕方を理解する。
12	小数÷整数でのわり進みと商を概数で表す仕方を理解する。
13（本時）	小数倍の意味を理解する。
14・15	学習内容の習熟，理解。

❸ 授業のねらい

2.5倍とはどういうことか，説明できるようになる。

❹ 授業の流れ

①問題・課題把握
●問題を知り，課題をつかむ

> 問題　まいさん3姉妹は，生まれたときの身長は50cmでした。まいさんの妹の現在の身長は，125cmです。まいさんの妹の現在の身長は，生まれたときの身長の何倍ですか。

C　わり切れる数だったら，できそうだな…

●数値を変えて考えてみる ———————————— しかけ②

T　姉の現在の身長は，150cmです。生まれたときの何倍になりますか？

第3章　しかけでつくる算数の深い学びの具体例　85

C　式は，50÷150　150÷50　どっちだろう？

C　現在の身長は，生まれたとき
　　の何倍かでしょ？

C　図にかいて考えたら（右図），
　　150÷50＝3になって，3倍。

T　なるほど，図をかいて考えると分かりやすいね。
　　言葉の式は，どうなるかな？

C　現在の身長÷生まれたときの身長＝何倍。

C　あっ！　じゃあ，この問題の式は，125÷50だ。

②自力解決

C　125÷50　えっと…

C　あれ？　わり切れない。

C　2.5倍でいいのかな？

C　中途半端だよ！

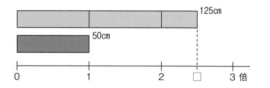

●全体でめあてを確認する

T　そうだよね。この中途半端な2.5倍をどうする？　━━━━　しかけ①

C　2.5倍について，考える？

> **めあて**　2.5倍とは，どういうことか説明しよう。

③集団検討

●考え方を共有する

C 2.5倍は，100cmは50cmの2倍で，残り25cmは，50cmの半分だから，0.5
倍と考えました。

C そうすると，2.5倍っていうのは，中途半端な数じゃないんだね。

4 まとめ

●本時の学習内容をまとめる

T 今日の内容をまとめます。

> まとめ 2.5倍というのは，50cmを1と見たとき，125cmが，2.5にあた
> るということを表している。

●適用問題を解き，本時の学習を振り返る

> まいさんの現在の身長は，135cmです。
> まいさんの現在の身長は，生まれたときの何倍ですか。

C 135÷50で，商が小数になってもいいんだから 2.7倍だね。

5 板書例

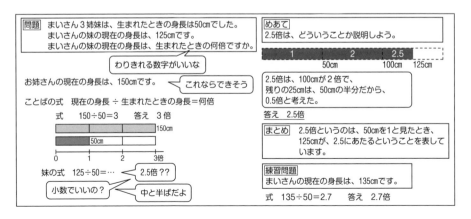

② 等しい分数

東京都青梅市立霞台小学校　後藤　拓己

❶ 学びを深める授業の「しかけ」

⚡ しかけ① 途中で学習の成果をおさえるしかけ

　折り紙を使用することで，確かめながら学習を進めることができる。はじめに $\frac{1}{2}$ を折り紙でつくる。長方形と直角二等辺三角形をつくる子供がいると予想される。そのときにどちらが $\frac{1}{2}$ か尋ねると，どちらも同じ分数であることに気付くことができる。この活動を通して，分数とは「あるものの大きさをある大きさで割った結果」であることを理解できるようにしたい。

　そして，$\frac{1}{2}$ を半分にして，その大きさを確かめさせる。その際には，折り紙を開いて数えるか，1枚の折り紙に重ねて $\frac{1}{4}$ になることを説明する。そこで，半分にすると分子は1のまま変わらないが，分母は2倍に変わっていることに気付き，さらに学習内容の理解を深めることができる。

⚡ しかけ② 子供にかえすしかけ

　折り紙を折っていったときにできる図形1つ分の大きさを調べるとき，どうしてその値になるのかを説明させることで，無意識のうちに気付いていることを言葉として表出させることができる。例えば，$\frac{1}{8}$ はどうして分母は8なのか，折り紙をどのように操作したときの結果であるのかを説明させる。他には，$\frac{1}{2}$ と大きさの等しい分数を表にまとめた際に，分子と分母の関係に着目させ，自ら気付くことができるようにする。

❷ 単元の指導計画（9時間扱い）

1	真分数，仮分数の意味を知る。
2	帯分数の意味を知り，適用問題に取り組み，真分数，仮分数，帯分数についての理解を深める。
3	数直線を基にして，仮分数を帯分数に直す方法を理解し，帯分数に直すことができるようになる。
4	数直線を基にして，帯分数を仮分数に直す方法を理解し，仮分数に直すことができるようになる。
5 (本時)	折り紙を基にして，大きさが等しく表し方の異なる分数があることを理解し，簡単な同値分数をつくることができるようになる。
6	同分母の分数の加減計算の意味と方法を理解し，その計算ができるようになる。
7	同分母の帯分数の加法計算の仕方を理解し，その計算ができるようになる。
8	同分母の帯分数の減法計算の仕方を理解し，その計算ができるようになる。
9	学習内容の定着を確認し，理解を確実にする。

❸ 授業のねらい

等しい大きさの，異なる分数があることを理解する。

❹ 授業の流れ

①問題・課題把握
●問題場面を把握する ━━━━━━━━━━━━━━ しかけ①

折り紙を1人に2枚ずつ配付し，次のように問いかけ，$\frac{1}{2}$の大きさと，分数についての理解を確認する。

T 1枚の折り紙を使って，何もしない折り紙を1としたとき，$\frac{1}{2}$の大きさをつくってください。
C これです（長方形または二等辺三角形）。
T $\frac{1}{4}$はどうなりますか？
C （さらに半分に折り，）こうなります。

T　$\frac{1}{4}$ が2つあるとどうなると思いますか？

C　$\frac{1}{2}$ と同じ大きさになります。

●問題を知り，課題をつかむ

> 問題　$\frac{1}{2}$ と大きさの等しい分数は，何があるだろうか？

T　どうすると見付けられそうですか？

C　さらに半分にしていく！

C　半分にしたものを合わせる。

> 課題　折り紙を半分に折っていって，1つ分の大きさを考えよう。

2 自力解決

C　どうすればいいんだろう？

C　$\frac{1}{4}$ を半分にしたけど，これってどんな大きさだろう？

C　折り紙を開いたら同じ形が8こあったよ。

3 集団検討

●考え方を確認する ━━━━━━━━━━━━ しかけ①

T　$\frac{1}{4}$ を半分にしたときの大きさは，何だろう？

C　開いたら同じ形，大きさの形が8こあったよ。

C　だから $\frac{1}{8}$ だ。

●答えを全体で確認し，表にまとめる ━━━━ しかけ②

T　$\frac{1}{8}$ が何こあると $\frac{1}{2}$ と同じ大きさになるだろう。

C　4つあると同じ大きさになる。

90

C つまり $\frac{4}{8}$ は $\frac{1}{2}$ と同じ大きさだ。

C あれ, $\frac{2}{8}$ と $\frac{1}{4}$ って同じ大きさだ。

4 まとめ

●本時の学習内容をまとめる

T 今日の学習でどんなことが分かりましたか？

C 形が違っても, 同じ大きさの分数があること。

C 半分にすると, 分母だけ2倍の数字になる。

C 半分にした後の2こ分は, 半分にする前と同じ大きさになる。

> **まとめ** 分母や分子が違う数でも, 大きさの等しい分数がある。

●発展的な問題を解きながら, 学習内容を振り返る

❺ 板書例

めあて おり紙を半分においていって、 1つ分の大きさを考えよう。

1つ分の大きさ	$\frac{1}{4}$	$\frac{1}{8}$	$\frac{1}{16}$
必要な数	2こ	4こ	8こ

問題 $\frac{1}{2}$ と大きさの等しい分数は、 何があるだろうか。

・2倍になっている。

・分母が2倍になると必要な数が2倍になる。

・さらに半分にする。

・半分にしたものを合わせると、できる。

> **まとめ** 分母や分子がちがう数でも、 大きさの等しい分数がある。

③ どちらが広い？

東京都青梅市立若草小学校　廣森　裕介

❶ 学びを深める授業の「しかけ」

しかけ① 経験を手繰るしかけ

　２つのレジャーシートの広さを比較する問題を設定する。はじめはすぐに見て比べることができるが，問題③は比較が容易ではない。問題解決のために何をしたらよいか，後，何が分かればよいかなどを考えさせたい。その際に，これまでの学習や経験を基に「周りの長さが長いほど広くなる」と考える子供がいることが想定される。子供たちが経験を手繰り，記憶を巡らすためのしかけとして，マスなどの目印になるものをあえて付けず，周りの長さを求めるようにした。子供たちの発想をつなげたり，新たに価値付けたりすることで，問題に対して，多角的に考えることができる素地を養う。

しかけ② 子供にかえすしかけ

　様々な問題で役に立ち，多くの場合でも使える解決方法や考え方は普遍性という点で優れている。そのために，多くの場面で検証し，成り立つことを確認しようとする態度を養うことが望ましい。

　授業の中で，集団検討の場面において，広さを比べるとき「周りの長さは広さと関係なさそうです」と子供が結論付けた。そこで，根拠をよりはっきりさせるために，「本当にそう言い切れますか？」と子供に問い返し，他の問題でも確かめていく。検証のための追加の問題で，２つを比較したときに，周りの長さが長いのに面積は狭いという事例にも触れることで，まとめのための根拠をそろえることができる。あえて不確定な状況に追い込むことで，子供たちに，他にも根拠を探し，説明しようとする態度が育まれる。

❷ 単元の指導計画（11時間扱い）

1 （本時）	面積の比べ方を理解する。
2	面積の意味，面積の単位「平方センチメートル（cm²）」を理解する。
3～5	長方形や正方形の面積の公式，面積の公式の活用，複合図形の面積の求め方を理解する。
6～9	面積の単位m²，m²とcm²の関係，面積の単位a，ha，cm²を理解する。
10・11	学習内容の理解と習熟，発展問題（おもしろ問題にチャレンジ！）。

❸ 授業のねらい

　面積の比べ方を考え，周りの長さでは面積は比べられないことを理解する。

❹ 授業の流れ

1 問題・課題把握

●問題場面を把握する

　広さの違うレジャーシートを比較する。正方形と長方形を比べる際に見た目で比べられないため周りの長さが広さに関係すると考えると想定される。

●問題を知り，課題をつかむ

> 問題　アとイのレジャーシートはどちらが広いですか。

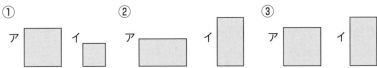

① ② ③

ア　イ　　　　ア　イ　　　　ア　イ

C　アが広いです。　C　向きを変えれば比　C　どちらが広いか分からない。
　　　　　　　　　　　　べられます。　　　C　周りの長さが知りたい。

T　周りの長さを測ってどちらが広いか比べてみましょう。──── しかけ①

> 課題　周囲の長さが分かれば，広さを比べられるか調べよう。

T　他に広さを比べる方法はありますか？

C　重ねてみます。

C　小さな正方形がいくつ分かを調べます。

②自力解決

C　周りの長さを測りました。アは1つの辺が4cmで周りの長さは16cm。イは縦が3cm，横が5cmで，周りの長さは16cm。広さは同じです。

C　レジャーシートを重ねました。アの方が広いです。

C　1辺が1cmの小さな正方形に区切りました。1辺が1cmの正方形が，アは16こ，イは15こでした。アの方が広いです。

C　面積の公式を使いました。アは4×4＝16。イは3×5＝15。アの方が広いです。

③集団検討
●答えを全体で確認する

T　アとイのどちらが広いですか？

C　周りの長さを測ったら広さは同じでした。

C　レジャーシートを重ねたり，小さな正方形に区切ったらアが広かった。

C　周りの長さは広さと関係なさそうです。

T　本当にそう言い切れますか？　他の問題でも確かめましょう。　

●他の問題でも検討し，一般化する

T　周りの長さと広さを調べましょう。

④

ア

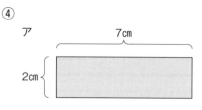

イ

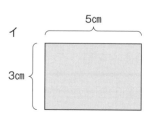

C　アは周りが18㎝で正方形が14個，イは周りが16㎝で正方形が15個。

T　アとイの周りの長さと広さの関係はどうですか？

C　アの方が周りの長さが長いのに，広さはイの方が広いです。

4 まとめ

●本時の学習内容をまとめる

T　2つのレジャーシートを比べてみて気付いたことはありますか？

C　問題③は周りの長さが同じなのに，広さは違いました。

C　問題④は周りの長さが長い方が狭かったです。

> **まとめ**　周囲の長さで広さは比べられない。

●発展的な問題を解きながら，学習内容を振り返る

T　長さ18㎝のひもでつくれる，一番広い四角形の縦と横の長さは何㎝ですか。

❺ 板書例

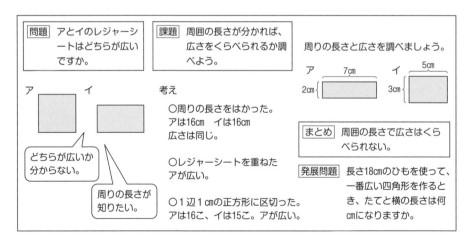

④ 四捨五入しない方がいい？

東京都三鷹市立高山小学校　黒坂　悠哉

❶ 学びを深める授業の「しかけ」

しかけ① 問題設定におけるしかけ，必要な解決を引き出すしかけ

　何こ入っているか分からないあめ玉の袋。袋を開けないと本当の数は分からないが，触ることでおおよその数は把握できる。見積もりを立て計算した後で袋を開けると，その場で見積もりの立て方が正しかったのかを確かめることができる。重要なのは，目的に合わせて切り上げや切り捨て，四捨五入などをすることである。その場ですぐに確かめられることは，目的と方法の関係についての理解を促し，学ぶ楽しさを感じさせることにつながる。

しかけ② 経験を手繰るしかけ

　概数にするときは，いつでも四捨五入をすることが正しいと考える子供が多い。そのため，四捨五入をすると誤った答えになる場合があることを経験することで，どうしてだろうという疑問が生まれる。四捨五入が正しいと考えている子供ほど，その疑問は大きなものとなる。疑問が大きいほど，どうしてなのかを知りたくなるし，解き明かしたくなる。それが，話し合いの動機となる。この問題は，１袋当たりのあめの数を多く見積もると，必要な袋の数は少なくなるという関係になる。

しかけ③ 仕込みを醸成するしかけ

　切り捨てをするとよい場面を設定し，四捨五入との違いを比較しながら理解を促していく。そのため，本時では切り上げについては扱わないが，「切り上げをするとよい場面もあるのかな」などの子供の発言を取り上げ価値付けることで，発展的に考えようとする姿勢を養うことにつなげていく。

❷ 単元の指導計画（9時間扱い）

1	きっちりした数をおよその数にすることを通して，概数の意味を理解する。
2	四捨五入の意味とその方法を理解する。
3・4	「四捨五入して〇の位までの概数にする」ときの表現や四捨五入の仕方を理解する。
5	四捨五入して概数にする前の，もとの数の範囲や，「以上」「未満」「以下」の意味を理解する。
6（本時）	見積もりを立てる際，目的に応じて概数を用いようとする。
7	目的に応じて，概数を用いた和や差の見積もりの仕方を理解する。
8	概数を用いた積や商の見積もりができる。
9	学習内容の定着を確認し，理解を確実にする。

❸ 授業のねらい

見積もりを立てる際，目的に応じて概数を用いようとする。

❹ 授業の流れ

①問題・課題把握
●条件不足の問題を提示し，子供との対話を通して，条件を確認していく

> 問題 先生は，4年生全員にあめ玉を配ろうと思いました。あめ玉を買いに行ったら，あめは袋に入って売られていました。
> 先生は，何袋買ったらいいでしょうか。 ——— しかけ①

C 4年生は何人ですか。袋には何こ入っているんですか？

T 4年生の人数は，146人です。どうして，袋の中のあめ玉の数が知りたいんですか？

C 1袋のあめ玉の数が分かれば，わり算で求められるからです。

T あめ玉はこの袋に入っています。買ってからでないと袋を開けて確かめ

られないんです。袋を開けないで必要な数を買うことはできませんか？

C　大体の数なら分かるから，概数にして考えればよいかもしれない。

課題　四捨五入をして概数にすれば求められるかな。

袋を触らせて，だいたい何こ入っているかを10秒程度で確かめさせる。

②自力解決

C　1袋がだいたい25こ以上だから，四捨五入して30こととして計算しよう。

C　1袋が25こより少なそうだから，20ことして計算しよう。

計算が困難な子供には机間指導をし，全員が自分なりの答えをもてるようにする。かけ算で求めるのも，よいこととする。

③集団検討

●答えを全体で確認する

C　私は，25こより少ないと思ったので，20こにして計算しました。そうすると，20×8で160，だから8袋必要となります。

C　ぼくは，25，6こかなと思ったので，四捨五入をして，30で計算しました。そうすると，146÷30になるので，5袋あればいいと思います。

●袋の中身を確認し，どの考え方がよい考え方なのかを検討する

T　では袋の中身を確認しましょう。袋の中のあめ玉は，全部で25こでした。だから，式にすると146÷25になります。つまり，6袋買えばいいということですね。

C　四捨五入して求めたのに，間違えました。どうしてだろう？

C　私は，四捨五入して計算して，合っていました。予想の立て方がよかったのかな？

T うまく予想を立てることは大事ですが，予想がずれてしまうこともありますよね。今回のような場面では，何を工夫すればうまく買い物ができたのでしょう？ ━━━━━━━━━━━ しかけ②

4 まとめ
●本時の学習内容をまとめる
C 概数にするときに，切り上げてしまうと本当の数よりも多くなってしまうから…

T 今回のように予想が25や26であっても，30ではなくて20として概数に表す方法として，「切り捨て」という方法があります。

> **まとめ** 場面によって，四捨五入か切り捨てを選ぶといい。

T 四捨五入か切り捨てをすればいつでも平気そうですね。 ━━━━━━ しかけ③
C 切り上げた方がよいときもあるんじゃないかな？
T 切り上げをするとよい場面とは，どのような場面でしょうか？

❺ 板書例

問題
先生は，4年生全員にあめ玉を配ろうと思いました。
あめはふくろに入って売られていました。先生は，何ふくろ買ったらいいでしょうか。

● 4年生の人数⇒146人
● 1ふくろのあめ玉の数
　⇒分からない

だいたい…
　　　　20こ
　　　　25こ
　　　　30こ

四捨五入すればできるかな？

25こより少ない
あめ玉の数⇒20こ
$20 \times 7 = 140$
$20 \times 8 = 160$
$146 \div 20 = 7$ あまり6
　　　　　8ふくろ必要

25こより多い
あめ玉の数⇒30こ
$30 \times 4 = 120$
$30 \times 5 = 150$
$146 \div 30 = 4$ あまり26
　　　　　5ふくろ必要

1ふくろのあめ玉の数
　　　　　　⇒25こ
$146 \div 25 = 5$ あまり21
　　　　6ふくろ必要

少なく見積もった方がよかった。

切り捨て
25、26、27、28、29
⇒20とみる

まとめ
場面によって，「四捨五入」か「切り捨て」を選ぶとよい。

---

❶ どの式が正しいの？

東京都三鷹市立東台小学校　稲葉　圭亮

❶ 学びを深める授業の「しかけ」

しかけ① 問題設定におけるしかけ

　問題提示をする際に，立方体と直方体の図形だけを提示し，数値を明記せず条件不足にする。そうすると図形の構成要素について着目し，体積を求める際に必要となる情報を集めようとする姿が期待できる。その中で「Aが立方体だとすると1辺の長ささえ分かれば解ける」や「Bが直方体だとすると3辺が必要になる」など必要な情報を取捨選択していく。

しかけ② 子供にかえすしかけ

　自分が考えた式とは違う式が出てきたことにも「あれ？」と思う。立方体と違い，直方体は，体積を求めるために辺の長さが3つ必要で，その数がばらばらであるために，複数の式が出てくると予想できる。子供たちは「答えが同じだからいい」と考えたり，式の意味や具体場面，また既習を振り返ったりと，数や式の順序について主体的に説明する。

しかけ③ 既習事項にもどすしかけ

　面積のときには，単位正方形がいくつ分かで考えることができたことを振り返り，図を示して説明する。ここで子供から「この面積の考えを基にすると体積は，高さがあるから…」と面積の考えを拡張しようとする。「4×6×5」の式を「敷き詰められた1辺が1cmの立方体が何段あるかで体積を求めることができる」と読むことで，具体場面を想起したり，図で表現し，操作したりしながら体積の求め方を一般化できる。また，「他の式は間違いなのか」と問い直すことで一般化した式の意味をより深く理解できる。

❷ 単元の指導計画（10時間扱い）

1	直方体や立方体のかさの大きさの表し方を考える。
2	「体積」「㎤」の意味を理解する。
3（本時）	直方体・立方体の体積を計算して求める。
4	直方体・立方体の体積を公式を使って求める。
5	複合図形の体積の求め方を理解する。
6	「m³」の意味を理解する。
7	「容積」の意味を理解する。
8〜10	学習内容の定着を図る。

❸ 授業のねらい

図形の構成要素に着目しながら，根拠をもって体積を求める方法を考える。

❹ 授業の流れ

①問題・課題把握

●長さを隠した立方体と直方体の図を提示する

体積を求める際に図形の構成要素や性質に着目して考えることで，関係，特徴を捉え，図形の計量について考察する。まず，右の立方体と直方体を提示し，体積を求める際に必要となる条件を整理していく。

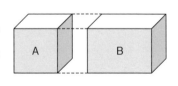

●問題を知り，課題をつかむ

T　立方体Aと，直方体Bの体積を求めます。辺の長さを伝えます。辺の長さをいくつ教えてほしい？ ━━━━━━━━━━━━━━━━ しかけ①

C　Aは1つの辺だけで解ける。Aは立方体なので辺の長さはすべて5㎝。

C　Bは，すべての辺の長さが分からないと解けない。

2 自力解決

C　Aの立方体は，125cm³になる。

C　Bの式は4×6×5でいいよね。

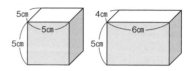

3 集団検討

●答えを全体で確認する

T　では，答えを発表してください。

C　Aの立方体の答えは5×5×5＝125で125cm³です。

T　Bの答えを発表してください。

C　Bの直方体の答えは5×6×4＝120で120cm³です。

C　あれ？　ぼくの式と違います。 ────────── しかけ②

5×6×4＝120	6×5×4＝120	4×5×6＝120
6×4×5＝120	4×6×5＝120	5×4×6＝120

C　どの式だっていいよ。答えが同じなんだもん。

C　でも面積のときには…。いや，自分の式が正しい。

　　この時点で直方体の求積の公式は未習である。立方体の考えとは違い，直方体の式は複数出てくる。その際に公式を教えるのではなく，体積の性質を考えながら公式化していく。

課題　どの式が正しいと言えるのだろうか？

●考え方を共有する ────────── しかけ③

C　前の時間に1辺が1cmの立方体を敷き詰めたときに，直方体の下の方から敷き詰めた。また，かさの学習では，水を箱に入れたときも下から溜まっていく。ということは，実際に行ったとおりに答えを出していくと，底面の長さである4×6を先にして，×5をすると思う。

C　面積のときを思い出して「たて×よこ」のように考えると，Bの直方体のたて×よこは，4×6の部分です。それが5あると考えると，4×6×5の式が正しいと思う。

C　5という数字は，どう説明するといいんだろう？

C　でも，それだと…4×6×1で厚さが…

C　式にある1の意味が違うと思います。

T　新しく1という数字が出てきましたが，何の1か分かりますか？

C　1が5つあるけど，一番下の1段目の直方体の4×6×1が5つあると考えると4×6×5がよいんじゃないかな？

C　だって実際に1辺が1㎝の立方体がいくつ分かを考えるとすると，一番下の段から敷き詰めるという考えも含まれているし，面積のときのことを考えても，この中で一番分かりやすくできる式は，4×6×5の式ではないかと考えます。

4 まとめ

●本時の学習内容を振り返る

●公式を教え，一般化を図り，適応問題で習熟をする

⑤ 板書例

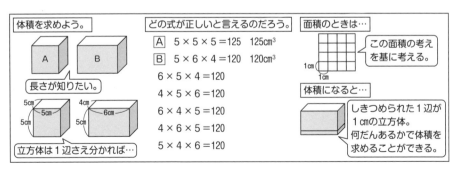

② どちらがお得？

東京都青梅市立若草小学校　蓮尾　幸枝

❶ 学びを深める授業の「しかけ」

しかけ① 問題設定におけるしかけ

　300円引きと20%引きでは，どちらか得であるかを考えることで，値引き額の300円と20%引きのどちらが大きくなるのかを考えることができる。具体的な買い物場面を設定して考えやすくすることで，全体で共通理解を図る手立てとした。

　また，買い物をした金額によって得になる場面が変わってくることから，代金が同じになるときの金額を求めるという問いを子供から引き出していく。割合を学習し活用することで，知識を生活に生かせることを実感させる。

しかけ② まとめのための教材・教具によるしかけ

　問題場面を表や式に整理すると，変化や対応が分かる。そういった表現のよさを価値付けることで，数学的な見方，考え方を育成していく。図や数直線，対応表等を生かすことで，有用性だけでなく割合という事象や変化の様子を捉えやすい。整理することで，変化のルールや特徴をつかむことができるというよさを感じさせたい。

しかけ③ 子供にかえすしかけ

　子供は1時間の学びの中で，後の学習に生かせる数学的な見方・考え方のよさを実感したり，新たな問いを見出したりする姿も見られる。子供が見出した問いが次時の課題となっていくことで，さらなる問いとなり，主体的に解決に取り組むことができる。学びの連続性をねらっていく。

❷ 単元の指導計画（13時間扱い）

1・2	割合の意味を理解し，比較量と基準量から割合を求めることができる。
3	百分率や歩合の意味とその表し方を理解する。
4	比較量は，基準量×割合で求められることを理解する。
5	基準量は，比較量÷割合で求められることを理解する。
6・7	和や差を含んだ割合の場合について，比較量を求めることができる。
8	学習内容の習熟。
9	帯グラフや円グラフの読み方や特徴を理解する。
10	帯グラフや円グラフのかき方を理解する。
11	グラフから割合や絶対量を読み取り，問題を解決することができる。
12・13 （本時）	学習内容の定着。

❸ 授業のねらい

　資料における数量の比較や全体や部分の関係の考察などで割合を用いることがあることや，その表し方についての百分率について理解する。

❹ 授業の流れ

①問題・課題把握

●問題場面を把握する ——————————————— しかけ①

　2000円を持って文具店へ買い物に行く。300円引き券と20%引き券とどちらのサービス券を使うとお得だろうか？　※どちらも500円以上で使用可。

ノートセット	500円	筆箱	1000円	鉛筆セット	300円
消しゴム	100円	メモ帳	200円	自動鉛筆削り	1300円

●問題を知り，課題をつかむ

問題 どちらの券を使いますか。

C　300円引きは，ひき算すればすぐ分かります。

C　20%は，計算しないと分かりません。

C　20%引きは，買い物の代金によって，ひかれる金額が違うと思います。

課題 それぞれの券は，どのようなときに使うと得になるでしょうか。
どのように考えたか，分かるように表現しよう。

②自力解決

C 1

代金	1200	1300	1400	1500	1600
300円	900	1000	1100	1200	1300
20%引	960	1040	1120	1200	1280

C 2

代金	1200	1300	1400	1500	1600
300円	○	○	○	△	×
20%引	×	×	×	△	○

C 3

1100円のとき	1200円のとき	1300円のとき	1400円のとき	1500円のとき
$1100-300=800$	$1200-300=900$	$1300-300=1000$	$1400-300=1100$	$1500-300=1200$
$1100 \times 0.8=880$	$1200 \times 0.8=960$	$1300 \times 0.8=1040$	$1400 \times 0.8=1120$	$1500 \times 0.8=1200$

③集団検討

●どのような場合にそれぞれの券が有効か話し合う ── しかけ②

C　割引額が300円になる場合を考えます。それより高いと20%引きが得。
表を使うと得な券がどこから変わるのか分かります。

C　買い物の金額を□として考え，その20%が300円になるときに値引きが
同じになります。

C　順に並べると，変わっていく様子が分かります。

④まとめ

●本時の学習内容をまとめる

T　どのように考えて解決することができましたか？　分かったことをまと
　めましょう。

> **まとめ**
>
> 　〇円引き券と△%引き券のどちらがお得であるかを考えるときには，
> 境目の金額を考えるとよい。
> 　順番に並べたり，表にしたりして，整理するときまりや変化が分かる
> ようになる。

●問題解決を振り返りながら，次時の課題を見付ける ── しかけ③

T　どのように考えて解決することができましたか？　分かったことをまと
　めましょう。

T　次に使えそうな考え方を振り返りにまとめてみましょう。

T　次にどんな学習が必要か，何を学んでいきたいか，振り返ってみよう。

⑤ 板書例

> ノートセット 500円　　筆箱 1000円
> えんぴつセット 300円　　消しゴム 100円
> メモ帳 200円　自動えんぴつけずり1300円

> 300円引　　20%引　　どちらを使う？

C1

代金	1200	1300	1400	1500	1600
300円	900	1000	1100	1200	1300
20%引	960	1040	1120	1200	1280

C2

代金	1200	1300	1400	1500	1600
300円	○	○	○	△	×
20%引	×	×	×	△	○

> **まとめ**
>
> 境目の金額を考えるとよい。
> 表にしたり、順に並べたりすると
> 分かりやすい。

③ ÷1.5ってどういうこと?

東京都三鷹市立高山小学校　黒坂　悠哉

❶ 学びを深める授業の「しかけ」

しかけ① 問題設定におけるしかけ

全員がこれでは分からないという状況をつくることで，分からないことに対する不安感を下げられる。「何が知りたい?」「近くの人と相談してごらん」などと問いかけながら，問題をつくっていくことで，問題場面の把握にもつながっていく。

しかけ② 子供にかえすしかけ

除数が小数だとうまく等分することができないため，問題が生じる。小数のわり算の導入で，言葉の式にあてはめただけで，÷小数でよいとまとめてしまうと，「分ける計算ではなく，1当たりを求める計算である」という理解が曖昧になってしまう。

そこで本時では，数直線や言葉の式を使って150÷1.5でよさそうだと整理した後に，うまく1.5等分することはできないが，それでも150÷1.5でよいのかを問う。それを何とか説明しようとする過程で，÷1.5の意味に注目することになり，等分除の意味を改めて見直すことができると考えた。

しかけ③ 必要な解決を引き出すしかけ

値段が変わらずもとのテープが半分になれば，1mの値段は倍になるのではないかと考える子供が出てくる。わり算のきまりと結び付けることで，150÷1.5=100となり，これが立式の根拠となる。次時以降，計算のきまりを使って答えを求める活動に移っていくので，その学習への橋渡しにもなる。

❷ 単元の指導計画（14時間扱い）

1（本時）	整数÷小数の意味を理解する。
2	整数÷小数の計算の仕方を理解し，その計算ができる。
3・4	小数÷小数の計算の仕方について理解する。
5	純小数でわると商は被除数より大きくなることを理解する。
6	小数の除法での余りの意味を理解し余りを求めることができる。
7	小数の除法で商を概数で求めるときの処理の仕方を理解する。
8	数直線を用いた除法の演算決定について理解を深める。
9	比較量，基準量が小数の場合も，倍を求めるときは除法を用いればよいことを理解する。
10	倍を表す数が小数の場合も，基準量を求めるときは□を用いて乗法の式に表し，除法を用いて□を求めればよいことを理解する。
11	差による比較の他に，倍を使っても比較できることを理解する。
12〜14	学習内容の定着を確認し，理解を確実にする。

❸ 授業のねらい

整数÷小数の計算を通して，除法の意味を拡張する。

❹ 授業の流れ

①問題・課題把握

●条件不足の問題を提示し，子供との対話を通して，条件を確認していく

> 問題　このテープ1m分の値段はいくらでしょう。 ─── しかけ①
>

C　これだけでは分かりません。

T　何が知りたいですか？

C　このテープの長さと値段が知りたいです。

T　テープの長さは3mで150円です。

C それなら，150÷3＝50なので，1mは50円です。

T どうして150÷3なのですか？

C このように3mを3等分したものが1m
なので150円も3等分するからです。

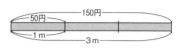

「3等分だから÷3」であると板書して価値付ける。「わり算＝分ける算」
という考えを揺さぶるしかけとする。

T テープの長さが1.5mならどうでしょう？ ————[しかけ②]

C 1.5m だったら100円じゃないかな。

C 式は150÷1.5になると思う。でも，「÷1.5」なんてできるのかな？

> 課題 150÷1.5でいいのだろうか？

②自力解決

C 3mのときは150÷3だったから，1.5mのときは150÷1.5かな？

C テープの長さと値段は比例しているから，1mのときは…

③集団検討
●答えを全体で確認する

C 3mのときは150÷3だから，1.5mなら150÷1.5でいいと思います。

C 数直線で考えると，□×1.5＝150で，
150÷1.5＝□になる。だから，150÷1.5
でいいはずです。

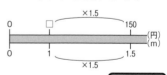

T 浮かない顔の人がいますが，何か困っているのですか？ ————[しかけ③]

C 3mのときは3等分だから÷3にしたけど，1.5等分はできないから…

T たしかに，1.5等分ってどうやったらよいのでしょう？ うまく分けら
れないから，やっぱり150÷1.5ではないということでしょうか？

●÷1.5の意味について考える

C うまく分けられないけど，150÷1.5でよいと思います。

C ３mが150円のときの１mは50円でした。1.5m
が150円なら，その倍で１mは100円です。わる
数が半分になったら，答えは２倍になるから，
やっぱりこの式でいいと思います。

$$150 \div 3 \ = 50$$
$$150 \div 1.5 = 100$$

C わり算は，１人分とか１m分とかを求めるときに使うものだから，1.5
等分できなくてもいいんじゃないかな。

４ まとめ

●本時の学習内容をまとめる

T わる数が小数になるとうまく等分できません
ね。でも，１mの値段とか１人分とかを求め
たいときはわり算でよいのです。

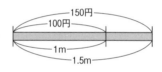

> **まとめ** １m分の値段を求めたいから，150÷1.5でよい。

❺ 板書例

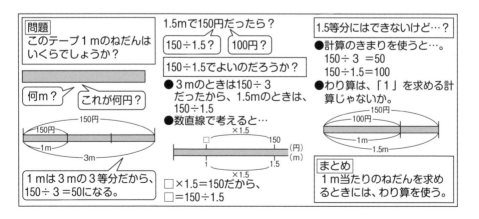

④ 数直線で説明しよう

東京都青梅市立若草小学校　蓮尾　幸枝

❶ 学びを深める授業の「しかけ」

しかけ① 既習事項にもどすしかけ

　授業の導入では，問題場面を教師が提示することが多い。その場面におい
て子供と教師，または子供同士の対話をしていく中で，「その場面から解決
に必要な情報はどのようなことか」「検討していく課題は何か」「今までの課
題との違いは何か」等，問題が焦点化され，子供が自ら主体的に解決を図り
たいと思う子供自身の問いとなっていくべきである。しかし，実際は，教師
から提示された問題を子供がいかに解くかということのみに重点が置かれ，
子供が自ら課題を見出し主体的に考えていく導入の工夫が十分でない現状が
見られる。教師が提示した問題場面から，子供と教師，子供同士の対話を通
して課題を焦点化していく。

しかけ② まとめのための発問によるしかけ

　授業において，子供が既習の内容を基に課題解決に取り組み，その解決過
程や考え方を発表し合い全体で検討しているが，終末では解決の方法を教師
主導でまとめてしまっている様子が見られる。解決のための思考力・判断
力・表現力等よりも解決の方法といった知識・技能の観点に重点が置かれて
いる。

　そこで，授業の終末に，知識・技能の観点に重点を置いた内容のまとめと
ともに，問題の解決に向けて学び合った思考の過程を振り返らせ，思考力・
判断力・表現力等に関わる内容のまとめも行っていく。

❷ 単元の指導計画（14時間扱い）

1～4 （本時は2）	整数÷小数，小数÷小数の計算の仕方について理解する。 小数÷小数の筆算の仕方を理解し，その計算ができる。
5	純小数でわると，商は被除数より大きくなることを理解する。
6	小数の除法での余りの意味を理解し，余りを求めることができる。
7	小数の除法で商を概数で求めるときの処理の仕方を理解する。
8	数直線を用いた除法の演算決定について理解を深める。
9	比較量，基準量が小数の場合も，倍を求めるときは除法を用いることを理解する。
10	倍を表す数が小数の場合も，基準量を求めるときは□を用いることを理解する。
11	差による比較の他に，倍を使っても比較できることを理解する。
12～14	学習内容を適用して問題を解決する。理解を確認する。

❸ 授業のねらい

整数÷小数の計算の仕方を考え，説明できる。

❹ 授業の流れ

① 問題・課題把握
●問題場面を把握する

A店：2m200円，B店：2.5m300円（第1時で，立式と式の意味は既習）。どちらの店でリボンを買うと得か考える。

●問題を知り，課題をつかむ

> 問題 どちらの店で買うと得か，1mの値段で比べよう。

T 今日解決するべき課題は何だろう。話し合いましょう。前の授業の振り返りを確認しよう。 ━━━━━━━ しかけ①

C わり算の意味が分かった。

C でも小数でわることは，まだ解決していません。

課題 300÷2.5の計算の仕方を考え，説明しよう。

T どのような方法が使えそうかな？

C かけ算のときのようにきまりは使えそう。

C わり算の意味も分かったから，答えが見つかるかもしれない。

②自力解決

C1 0.1mの値段から，1mの値段を求める。

式： 300÷25＝12　12×10＝120　300÷2.5＝300÷25×10

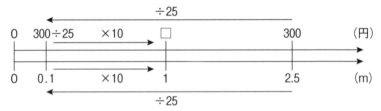

説明：2.5mは0.1mの25個分。10倍して，1mの値段が分かる。

C2：25mの値段から，1mの値段を求める。

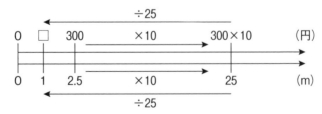

説明：長さと値段は比例している。10倍して25mの値段を求める。
　　　$\frac{1}{10}$にして，1mの値段を求める。

```
図    300  ÷  2.5  =  120
          ↓×10  ↓×10          等しい
      3000  ÷  25  =  120
```

③集団検討

●計算の方法を説明する

T　この数直線を見て，考えが分かる人はいますか？

T　この式と数直線を関連付けられる人はいますか？

T　今までの考え方が生かされているところは，どこでしょう？

④まとめ

●適用問題に取り組む

T　1.5mの重さが270 gのホース1 mの重さは何 gですか。これは，どちら
　の考え方で解決しますか。数直線もかいてみよう。 ─────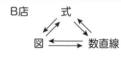

●本時の学習内容をまとめる

> **まとめ**　整数÷小数の計算は，小数のかけ算と同じように，整数にして
> 計算する。数直線図に表すと，関係が分かりやすい。

❺ 板書例

```
A店  2 m  200円
B店  2.5m  300円
どちらの店で買いますか。


1 mのねだんで比べよう。
```

```
A店      式              B店      式
     図 ←→ 数直線            図 ←→ 数直線

※式・図・数直線を言葉でつなぎ関連付ける。

小数のかけ算と同じように整数にして計算する。
数直線図に表すと関係がよく分かる。
```

❶ お小遣いアップ大作戦

東京都青梅市立若草小学校　蓮尾　幸枝

❶ 学びを深める授業の「しかけ」

しかけ①　仕込みを醸成するしかけ

　ディベートフォーラムを取り入れることで，自分の考えの根拠を明確にし，相手に筋道立てて説明する力を育てたい。

※ディベートフォーラムとは

　子供が考えたAとBのよさを，主張する。Aという考えとBという考えを討議し，全員で参加できるよう工夫した形態である。Aの立場のよさを必死に主張し，討議に参加することで，自らそのよさを発見し確認していくことができる。小学生に自分の優位性のみを主張したり，単に相手を言い負かしたりという指導は好ましくない。そこで，本来のディベートの対決色を弱め，自分の主張を根拠を基に的確に表現することに重点を置く。考えが異なっていたり，欠けていたと思われる部分を補ったりするためにこのディベートを導入する。そこで本来の「ディベート」との違いを「フォーラム」という言葉を加えることにより，区別する。

しかけ②　必要な解決を引き出すしかけ

　資料の散らばりを調べ統計的に考察することができるようにすることを目標としている。そこで，本時の教材を通して，資料の捉え方の深まりを追求していく。ある集団の傾向を捉えるには，平均だけでは十分でない。代表値のほか，その資料の散らばりを見る必要がある。6年では，具体的な資料を基に代表値やその集団の散らばりの様子について調べたり，考えさせたりする。

❷ 単元の指導計画（12時間扱い）

1・2	代表値としての平均の意味を知る。資料の散らばりの様子を考察する。
3・4	資料を度数分布表に整理する方法を理解し，読み取ることができる。柱状グラフの読み方，かき方について理解する。
5・6	統計的な観点で調べて整理した表をつくり，考察の仕方について理解を深める。
7（本時）	
8・9	
10	既習グラフを組み合わせたグラフの読み取り方を理解する。
11	学習内容の定着を図る。
12	学習内容の確認。

❸ 授業のねらい

平均や散らばりの様子に着目し，資料の特徴を統計的に調べる。

❹ 授業の流れ

①問題・課題把握

●問題場面を把握する

クラス全員のお小遣い額を一覧にした，下の表を提示する。数値の範囲を確認し，自分の立場を明確にする。

500	1000	600	13000	200	0	200
500	500	500	100	250	350	100
150	200	400	500	500	450	

T　お小遣いが400円のぼくは，「みんなはもっと高い」と主張して，お小遣いの値上げを希望しています。しかし，母は値上げに反対しています。

●問題を知り，課題をつかむ

> 問題 お小遣いは値上げすべきか，すべきでないか。

T　自分はどの立場をとりますか？
C　値上げ！
C　500円の人が多そう。500円でいいのでは。

> 課題 自分の立場を明確にして，根拠を伝え合おう。

2 自力解決
C　多いのはいくらの人かな？
C　値上げするには，平均が使えそう。

3 集団検討
●答えを全体で確認する
T　値上げ派とそのまま派に分かれましょう。

●自分の立場の根拠の資料を提示し，議論する ────── しかけ①
C　平均で比べる。全体の金額÷20＝1000。平均は1000円なので，小遣い値
　　上げしてよい。
T　平均って，どんな意味があったかな？…※
C　最大値を除いた平均で比べる。（全体の金額－13000）÷19＝368.4。平均
　　より高いので値上げしなくてよし。
T　特別な数値を除いた理由は？…※
C　最大値と最小値を除いた平均で比べる。388.8円。
C　数直線を使って，最頻値で比べる。500円が多い。

C　度数分布表の散らばりの様子で比べる。400円以上500円以下が多い。
C　中央値で比べる。400円。

　教師は「※」のように，適宜基本事項の確認を行ったり，子供の考えの根拠を尋ねたりする。━━━━━━━━━━━ しかけ②

4 まとめ
●本時の学習内容をまとめる
T　討論をしてみてどうでしたか？
C　極端な数値は平均に入れると意味がない。
C　場合によって数値を選ぶ必要がある。

> **まとめ**　いろいろな調べ方を参考にすると，平均だけでは分からない資料の特徴がつかめる。

●発展的問題を解きながら，学習内容を振り返る

5 板書例

お小づかい調べ						
500	1000	600	13000	200	0	200
500	500	500	100	250	350	100
150	200	400	500	500	450	

する立場
平均1000円。
500円が多い。
400円以上500円
以下が多い。

しない立場
1番多い金額と
少ない金額を除くと
平均388.8円。
真ん中は400円。

お小づかいは値上げ
する？　　しない？

まとめ
いろいろな調べ方を参考にすると、平均だけでは分からない資料の特ちょうがつかめる。

② うどんのメニューは何種類？

東京都青梅市立第六小学校　伊東　美穂子

❶ 学びを深める授業の「しかけ」

しかけ① 指導力を高める反応予想におけるしかけ

　本時は，何種類かの具の中から好きなものをトッピングするときの組み合わせの数を考える課題である。はじめに，3つの種類の具の組み合わせを考える。並べ方と同じように考えると，重複ができてしまうことに気付き，それが組み合わせと順列の違いだと理解する。その後，「選べる種類を増やしたら…」と，子供に発問する。選べる数が増えれば増えるほど，メニューの組み合わせは増えていくと，子供は間違った予想をするであろう。このミスコンセプションを生かし，「5種類から3種類を選択するときと2種類を選択する場合では，組み合わせの数は等しくなるのはなぜか」という余事象を考えさせ，集団検討の中で話し合いをさせていく。そのしかけによって，組み合わせを考えるときは，選択する数だけでなく残る数に着目することも必要だということに気付くであろう。

しかけ② 必要な解決を引き出すしかけ

　本時では，前時までの既習の学習を生かして，うどんのメニューが何通りあるかを求めていく。5つの中から2つを選ぶときは，既習の知識で求めることができるが，3つ以上の数を選択する場合には，どのようにすればよいか見通しが立たない子供が出てくる。そのような子供のために，解決できるヒントを板書の中にいくつか残しておき，机間指導の中で「3つ選ぶと残るのはいくつ？」というように残りの数に着目できるよう問いかけていく。ポイントとなる部分を色分けしておけば，より強調され，解決に導くことが可能となるであろう。

❷ 単元の指導計画（6時間扱い）

1～3	順列について，落ちや重なりがないように調べる方法を考え，その方法を理解する。
4・5 (本時)	組み合わせについて，落ちや重なりのないように調べる方法を考え，その方法を理解する。
6	学習内容の定着を確認し，理解を確実にする。

❸ 授業のねらい

　組み合わせについて落ちや重なりのないように調べる方法を考え，いろいろな組み合わせについてその方法を試し，理解を深める。

❹ 授業の流れ

①問題・課題把握

●問題場面を把握する

　好きなうどんのメニューを尋ね，好きなトッピングの種類について話をし，うどんにいくつかのトッピングをすると何種類できるかを考える。

T　うどんにトッピングできるのは『ねぎ・えびの天ぷら・わかめ・山菜・たまご』です。いろいろな組み合わせのメニューができますね。

●問題を知り，課題をつかむ

> 問題　うどん屋さんで，『ねぎ・えびの天ぷら・わかめ・山菜・たまご』のトッピングができます。何通りのメニューができるか考えよう。

T　1つだけ選べるとしたら，何通りのメニューができますか？
C　5通り。

T　２つ選べるとしたら，何通りのメニューできますか？　前の時間にやった方法は使えますか？

C　10通りです。図や表を使って考えます。

T　では，３つ，４つ，５つと選べるトッピングが増えたら，どうなりますか？　━━━━━━━━━━━━━━　しかけ①

C　もっとたくさんのメニューができると思います。

> 課題　５つのトッピングでできるメニューが何通りあるか調べる方法を考えよう。

②自力解決　━━━━━━━━━━━━━━　しかけ②

C　まず，３つのときはどうやればいいのかな？

C　全部書き出してみよう。

C　表にすると分かりやすいよ。

ねぎ	えび	わかめ	山菜	たまご
○	○	○		
○	○		○	
○	○			○
:	:	:	:	:

C　あれ？　それほど多くないなぁ。　━━━━━━━　しかけ②

③集団検討

●答えを全体で確認する

T　３つ選ぶときは何通りのメニューができましたか？

C　10通りです。

C　たくさんできると思ったけど，あまりできなかった。

T　４つ選ぶとき，５つ選ぶときは何通りのメニューができましたか？

C　4つなら5通りです。5つなら1通りしかありません。

●答えを見て，気が付いたことを基に話し合う

C　3つ選べるときと2つ選べるときのメニューの数は同じだ。

T　なぜ，同じになったのだろう？　何か理由を考えてみよう。

T　表で考えた友達の考えを見て，気が付くことはないかな？

C　3つ選ぶと2つ残るから，2つのときと同じになるんじゃないかな。

C　4つ選ぶときも1つ残るから，1つのときと同じになるよ。

④まとめ

●本時の学習内容をまとめる

T　話し合って分かったことをまとめよう。

C　選ぶものだけではなくて，残るトッピングの組み合わせを考えれば簡単
に調べることができます。

> **まとめ**　選ぶトッピングだけではなくて，残るトッピングでできるメニューの数を調べても組み合わせの数は調べることができる。

●発展的問題を解きながら，学習内容を振り返る

❺ 板書例

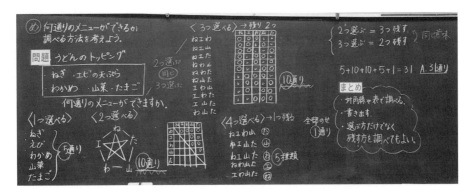

③ 視力検査表のひみつを調べよう

東京都青梅市立第六小学校　伊東　美穂子

① 学びを深める授業の「しかけ」

しかけ① 指導力を高める反応予想におけるしかけ

　視力検査表は身近な素材である。「視力の値と検査表の図形にどんな関係があるのだろう」と疑問を投げかけることで，謎解きのようなわくわくした気持ちで主体的に課題に取り組むことができる。はじめは発問の意図が分からないかもしれないが，数値に着目していくことでその関係の規則性を子供自ら発見できる面白さがある。すき間の長さを定規で測ったり表にまとめたり，実際に素材に働きかけ操作をすることで，より主体的な活動となる題材である。

しかけ② 既習事項にもどすしかけ

　表を使って調べるという方法は，前時までの比例の学習の中で行っている。「比例のときは…」と既習の見方・考え方を生かし，類推して考えていくことができる。どのような規則性があるのかを表を使って，子供の言葉で説明させ，反比例の意味の理解を深めていくことが大切である。

しかけ③ まとめのための教材・教具によるしかけ

　実際に長さを測ってみると，きっちりと測ることのできない部分がある。小数で表そうとしても1mmより小さい数は読み取ることができず，どうすればよいか子供たちは正確に表せないことに戸惑うであろう。しかし反比例のきまりに気付き，式で考えることができるようになると，除法を用いて小数で数値を表すことができる。そういった活動を発展的に取り入れることで，式化するよさを感じることができる。

❷ 単元の指導計画（16時間扱い）

1〜3	比例の意味を理解する。$y＝$定数$×x$と表すことを理解する。
4	比例の性質を理解する。
5〜7	比例の関係をグラフに表すこと，そのグラフの特徴の理解と考察をする。
8〜10	比例関係に着目して問題を解決する。
11（本時）	反比例の意味を理解する。
12・13	反比例の式，$y＝$きまった数$÷x$と表せることを理解する。
14	反比例の性質を理解する。
15	反比例の関係のグラフを理解する。
16	学習内容の理解・発展。

❸ 授業のねらい

2つの数値に着目し，その関係から反比例のきまりに気付き，反比例を理解する。

❹ 授業の流れ

１問題・課題把握
●問題場面を把握する ──────────────── しかけ①

視力検査表を配付し，Ｃ（ランドルト環）の大きさと視力の値にどんな関係があるのかと質問を投げかける。ランドルト環がすべて相似であることから，隙間の長さを測り，視力の値と隙間の長さを表にまとめ，その関係を調べ整理していく。

Ｔ　視力検査の値はよく見えるほど値が大きくなります。値が大きくなると視力検査のランドルト環はどうなりますか？

Ｃ　小さくなる。

Ｔ　ランドルト環はすべて縮小された同じ形です。すき間の長さを測って，

視力の値と一緒に，表に整理して調べてみましょう。

●問題を知り，課題をつかむ

> 問題　視力の値とランドルト環の大きさを調べて表に整理しよう。

C　定規のめもりとめもりの間のところは，うまく測れない。
C　すき間の長さはだんだん小さくなっている。

> 課題　視力の値とすき間の長さにどのようなきまりがあるか調べよう。

②自力解決
T　比例のときのように，表に矢印で書き込みをしながら，気が付いたことを書きましょう。
C　視力が2倍，3倍になるとすき間の長さは $\frac{1}{2}$，$\frac{1}{3}$ になっている。
C　x と y の値をかけると3になっている。

③集団検討
●気が付いたことを発表し，共有する ——————　しかけ②
T　気が付いたことを発表しましょう。比例のときと比べて，同じことと違うことはありますか？
C　視力の値が2倍，3倍…になると，すき間の長さは $\frac{1}{2}$ 倍，$\frac{1}{3}$ 倍になっています。
C　視力の値に×2，×3をすると，すき間の長さは÷2，÷3となっています。
C　比例のときとは，反対のようになっているね。
C　表の縦の値をかけると，すべて3になります。

C　表のあいているところも計算で求められそう。

4 まとめ

●2つの値の関係を整理し，『反比例』という言葉を教える

> まとめ　2つの量の x と y で，x の値が2倍，3倍…になると y の値が $\frac{1}{2}$ 倍，$\frac{1}{3}$ 倍…になる。このような関係を「y は x に反比例する」と言います。

●発展的に考えながら，反比例の関係の理解を深める ───── しかけ③

T　表でぴったり測れなかったところの長さはいくつだろう？

C　反比例の関係を使えば計算で求められると思います。

C　0.4のときは，4倍になっているところは4で割れば求められるから，30÷4 =7.5になると思う。

C　他の表のあいているところも，計算で求めてみよう。

●授業感想を書き，何人かに発表させ，共有する

5 板書例

（めあて）視力の値とすき間の長さにどのようなきまりがあるか調べよう。

問題　視力の値とランドルトかんの大きさを調べて表に整理しよう。

視力の値 x	0.1	0.2	0.3	0.4	0.5	0.6	0.7	0.8	0.9	1	1.2	1.5	2
すき間の長さ y (mm)	30	15	10		6	5				3		2	

・視力の値が2倍3倍…になると，すき間の長さは $\frac{1}{2}$ 倍 $\frac{1}{3}$ 倍

・視力の値を×2，×3にすると，すき間の長さは÷2，÷3

・表の縦の値同士をかけると，すべて3になる。

ぴったりじゃない長さは？

0.4のとき　30÷4 =7.5　　1.2のとき　30÷12=2.5

> まとめ
> 2つの量の x と y で x の値が2倍3倍…になると y の値が $\frac{1}{2}$ 倍 $\frac{1}{3}$ 倍…になる関係を「y は x に反比例する」と言う。

④ きまりを見付けよう

東京都青梅市立第六小学校　伊東　美穂子

❶ 学びを深める授業の「しかけ」

しかけ① 必要な解決を引き出すしかけ

　いくつか正方形が並んだ図と問題場面が分かる条件文だけをはじめに提示する。その条件文からどんな問題ができるかを子供に考えさせる。条件文だけを先に提示することにより，子供は与えられた条件から，何と何が関連して変化していくのか，主体的に問題に向き合うことができると考える。また，「条件文」から「問いかけ文」を想像することで，依存関係にある数に着目することができ，問題解決の際の見通しがもてる。

しかけ② 子供にかえすしかけ

　友達の考えた式を読んだり，図や表を使って立式の根拠を説明したりするなど，式を中心とした話し合いをする。「式を読む力」は子供によって差がある。１つの式に対し，様々な子供が説明することにより，式を多面的に見ることができ，式の意味が捉えやすくなる。

しかけ③ 問題設定におけるしかけ

　正方形の場合の見方・考え方を働かせて，発展的に考えられるように「他の多角形だったらどうだろう」という適用問題を設定した。いくつかの多角形について，同じように考えていくと，○角形の場合 $1+(○-1)×□$ という新しいきまりが見えてくる。いろいろな問題でその見方・考え方が本当に正しいのかを検証していくことで，学びを深めていくことが可能となる。「立方体のときはどうだろう」「長方形だったらどうだろう」と自分で問題を考えていくことも，さらに学びを深めることにつながるであろう。

❷ 単元の指導計画（２時間扱い）

1 （本時）	正方形を□こ，棒の数を○本とし，２量の関係を表に表す。 表から，２量の関係を言葉や□を用いた式に表し，その式の意味を説明する。
2	増える量が違う場合の問題場面を表に表したり，式に表したりする。

❸ 授業のねらい

　変化する２つの数量の関係を表や式に表すことを通して，数量関係や規則性を見付ける力を伸ばす。

❹ 授業の流れ

① 問題・課題把握

●問題場面を把握する ━━━━━━━━━━ しかけ①

T　長さの等しい棒で，正方形をつくり，横に並べていきます。

T　正方形の数が増えると，変わっていくものは何ですか？

C　正方形の数が増えると，棒の数が変わります。

C　面積も変わります。

T　そこからどんな問題が考えられますか？

C　正方形が□このとき，棒は何本必要かを求める問題ができる。

●問題を知り，課題をつかむ

> 問題　正方形の数が□このとき，必要な棒の数は何本ですか。

T　□がいくつのときなら，棒の数が分かりそうですか？

C　５こぐらいなら簡単。

1年　2年　3年　4年　5年　6年

C　多いと数えるのが大変そう。

C　全部書かなくても，分かるよ。だって…

T　棒の数の求め方は，いろいろ考えられそうですね。

課題　正方形が□このときの必要な棒の数の求め方を考えよう。

---

②自力解決

T　正方形の数が8この場合を考えてみよう。

C　図にかいて数えてみよう。かいてみると，はじめに1本あって3本ずつ
　　増えているのが分かったよ。

C　全部，図でかかなくても，計算で分かりそう…

C　表にしたら，正方形が1つ増えると棒は3本ずつ増えている…

③集団検討 ———————————————————————— しかけ②

●自分の考えを発表し全体で共有する

T　それぞれの図や表を使って，式を説明しよう。

C　1＋3×8＝25。はじめに1本あり，3本ずつ増える。

C　4＋3×7＝4＋3×（8－1）＝25。はじめに4本あり，3本ずつ増
　　える。

C　2×8＋9＝2×8＋（8＋1）＝25
　　横向きの棒が2本ずつ8組あり，縦向きの棒が9本ある。

C　表にすると，正方形が1つ増えると棒は3本ずつ増えている。
　　1＋3×8＝25

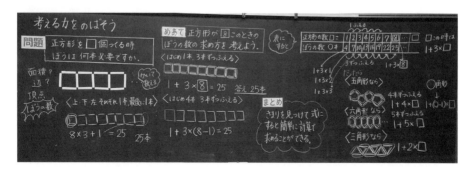

④ まとめ

● 本時の学習内容をまとめる

T　いろいろな考え方がありましたが，共通していることはありますか？

C　きまりを見付けて式に表せば，図を全部かかなくても棒の数が式で求められます。

T　もっと正方形の数が大きくなっても求められますか？

C　式に表すと，数が大きくなっても同じように求められます。

> **まとめ**　数が大きくなっても，きまりを見付けると，計算で求めることができる。

● 発展的問題を解きながら，学習内容を振り返る ──────── しかけ③

T　正方形だから，たまたまできたのかな？

C　他の多角形でも試してみたらいいと思います。

C　五角形なら４本ずつ増えているから…

C　三角形なら２本ずつ増えています。

C　六角形でもできそうです。

● 授業感想を書き，何人かに発表させ，共有する

⑤ 板書例

論説

提言１－小学校算数科に携わる
先生方への期待

　筆者は，東北地方のある国立大学で教員免許更新講習の講師をしている。そこでの講習は，校種別に分けることなく，小学校・中学校・高等学校の先生方を混合にしてグループをつくって実施している。そのため，特定の校種の話題に偏らないような，小学校，中学校，高等学校に共通する課題の設定を心がけている。

　ある年の講習では，まず，校種および年齢・性別を混合にして５～６名の小グループをつくった。次に，「子どもたちが算数・数学でつまずきを感じるポイント」について取り上げた。そして，教師側から感じる単元名や原因，対策を討議する活動を行った。最後に，各グループの代表者が参加者の全体に向けて話し合いの概要を発表し合った。こうして，自分自身とは異なる校種の先生方も含めて，先生方が感じる指導上の問題点を共有したことがあった。

　各グループの発表内容や個々の質問紙に記入された内容から，小学校では「割合」，中学校では「文字と式」，高校では「２次関数」が子供たちのつまずくポイントであると感じている先生方が多かった。中学校における「文字と式」は数学科の学習の多くの時数を占める領域であり，２次関数は高校数学の入り口に位置する大切な教材である。

　先生方はその原因として，子供たちの「耐性不足」，「読解力不足」，「実体験不足」をあげられていた。受講者の先生方があげたこれらの指導上のポイントは，全国学力学習状況調査の結果でも指導上の課題として報告されている。

　この「割合」に注目して，小学校算数科の指導に携わる先生方への期待を具体的に示していきたい。子供たちは扱う数として，それまでは整数で考えてきていることが多い。しかし，割合では小数や分数で表現されることが多

い。その結果として小数や分数で計算しなければならず，複雑さを感じる子供が少なくないし，子供によっては困難を感じることもある。さらに表し方については，同値のものを百分率や歩合など複数の方法で表現しなければならず，直感的に捉えにくいものがある。割合の指導では，子供たちに実体験を多く積ませることがやはり重要なのかもしれない。

　では，どのような実体験を積ませる必要が指摘できるか提案したい。多くの実践がすでになされていると思うが，筆者は仮想での物品売買を用いた指導も一つの方法ではないだろうかと考える。子供たちを販売者と購入者の立場に設定し，ある商品について，販売者が希望のもうけに対し定価をどのくらいにしたいかを考えて提示する。その設定した理由や原価に対しての割合を説明させることも理解の深まりにつながる。さらに，購入者は割合を示して値引き交渉を行うなど，具体的にゲーム感覚でしくみを理解させ，素直な直感を大切にしながら，内容をイメージさせることができる。

　算数から数学への転換点は一般化を求めていくことである。そのために中学校第１学年では文字を利用した式表現を学ぶ。文字に数が代入可能であれば，一般的に通用する式となることに気付く。文字を用いて立式できることや逆に式の意味を読み取ることができれば，やがてそれがいわゆる「公式」として意味を考え，その成り立ちを知ることにつながる。これこそが数理探究の第一歩であり，算数から数学への発展が実感できる場面である。

　算数から数学への発展について，筆者が参加した小学校の授業研究会の一場面を述べたい。授業後の研究討議の際，授業者が内容の設定理由の根幹に「初等教育は観念を形成し，概念は中等教育で形成すべきである。だから，観念が形成されるように留意した」と述べていた。意味を考えると，観念とは，見て感じたままの素直な感想に寄ったものであり，感じた個々の考え方によって異なるものである。また，概念とはある規定に沿ったもの，すなわち，一般的に通用しなければならない。

　小学校では，操作的活動と言われる手を使う作業や，体験的活動と言われる教室内外の身の回りのことに目を向ける活動が，指導において有効である。

それは，直観力を育みながら数理を探究する経験を積ませるこであり，結果として子供たちの観念を形成するものである。このようにして，観念をもつことが中等教育での概念形成につながっている。算数・数学科は自然科学の学問分野であるから，算数・数学科の学習では，子どもたちの日常世界での経験から育まれる直観を大切にしたいものである。　　　　　　　（菅　　達徳）

論 説
提言２－算数の授業を考える

　学習指導要領が変わる。今回の学習指導要領の改訂に向けた中央教育審議会では、大きな視点で様々な角度から議論されてきた。今までの学習指導要領の改訂でも、子供たちが20年後に大人になったときに必要な力はどんなことか議論され、少しずつ、新しいことが取り入れられたり、変化が求められたりしてきた。だが、今回の議論で話題になったことは、今後、どのような社会が訪れるか予測できないということだった。

　そんな予測困難な社会を生き抜くために、子供たちに必要な力として、今まで以上に強調されたことの一つは、「問題解決能力」だ。困難な問題に直面しても、タフに、解決に向けて進んでいく力と捉えた。

　予測されなかった事態に直面したときに、課題を明らかにし、今までの経験や新たな情報を駆使して、課題解決に向かっていく。その中では、見通しをもち、順序よく考えていく中で、修正や転換、間違いを発見する力などが必要となってくるだろう。また、さらなる課題を見出すことにより、よりよいものを求めようとすることや取捨選択することで、その場に応じた解決を導き出すことにつながることもあるだろう。

　問題解決に必要とされていることは、算数の授業の中でよく取り上げられていることだ。算数科では問題解決型の学習展開を中心とした授業が行われてきた。

　では、今後の算数の授業の中でさらに問題解決能力の育成につなげていくためには、どんなことが必要とされていき、注目されるだろうか。これまでに多くの方から学んできたことなどから、自分なりに考えてみた。

　一つは、「学び方を学ぶ」ことである。

　今までの授業の中で、授業の振り返りの場面で話題になることの多くは、「学習内容」の振り返りであった。その日のめあてに即して、最終的にでき

るようになったことをまとめる。それは，その日の授業で何ができるように
なったか認知するために必要なことである。また，獲得した知識が次の学習
の基盤となるのだから，しっかりと身に付けたいことである。加えて，今後
は振り返りの場面で，「どのように解決していったことが有効であったか」
や「間違えをどのように克服したか」などの「学び方」について振り返る場
面が増えてくるだろう。

　今までも，トピック教材などで数学的な考え方に焦点を当てた授業を行っ
たときには，きちんと振り返りの場面で「学びの道筋や有効性」が話題にな
ってきた。それが，もっと日常的に繰り返されることにより，自分の思考方
法をより確かなものとし，「数学的な見方・考え方」として，その後の授業
で有効に働くことにつなげたい。「数学的な見方・考え方」も言葉にできる
ようになれば，活用の幅が広がったり，説明するときに役に立てたりするだ
ろう。

●子供の言葉の例

　「小さい方から順番に考えていくと…」
　「落ちや重なりがないようにすると…」
　「表からきまりを見つけました」
　「奇数のときには使えるけど…」
　「違う形でもできそうだ」

　そのときそのときに子供たちから出てくる数学的な見方・考え方をどのよ
うに取り上げ，位置付けていくか，今後の授業展開の中で，今まで以上に着
目していきたい。

　次に考えたいことは，「検討段階における議論の仕方」である。

　検討・練り上げの場面の大切さはこれまでも言われてきているものの，自
力解決の時間の確保に多くの時間が割かれていたのではないだろうか。結果，
十分な検討がされないまま，1つの課題に取り組んだだけで，何となく分か
った状態で授業が終わり，家に帰って宿題に取り組んだら，実は十分な理解
につながっていなかったなんてことがある。

自力解決で，自分の考えをもった上で，話し合いの場に参加できた方がよいに決まっている。主体的な学びの観点からも自力解決の大切さはなくすことはできない。しかし，十分な議論ができずに進んでしまうことは，個々の発展につながらない。様々な対話を通して，吟味することが，数学的な見方・考え方にもつながるし，知識のより確かな獲得につながっていく。

　検討場面の議論では，その日の学習内容によって，収束の仕方がいくつか考えられる。そんなことも意識しながら，知識・技能の獲得のための議論と数学的思考力の育成のための議論が活発に行われるであろうことに着目していきたい。

●収束の仕方の例

- ・それぞれのよさを認める
- ・共通点を見出し，一つにまとめる
- ・多様な考え方のよさを追究し，より良い方法を選び出す
- ・問題場面にふさわしい解決策を考える

　さて，知識・技能をより確実なものとするため，また，その日の評価につなげるため，適用問題をどのように位置付けていくかも考えていきたい。なんとなく分かったことを確実なものとするためには，練習が必要になる。その日の学習の振り返りとして，その日の道筋をたどりながら，適用問題に取り組み，内容の理解を深めつつ，数学的な考え方が身に付いているかの評価にもつながる。「分かった・できた」の意識は，学習への主体的な取り組みや自尊感情の向上，知的好奇心につながるだろう。

　主体的・対話的で深い学びは，授業改善の視点として取り上げられてきた。指導者は，どのような展開を行い主体的な学習活動につなげていくか，どのような意図をもって対話的な場面を設定していくか，学習活動のどこを取り上げて，深い学びにつなげていくか，常に考えながら授業を展開していく。本書では，教材に着目し，それぞれの教材の中でどのような力を伸ばすかを考えてきた。教材を生かし，授業の展開に結び付け，問題に向き合い，粘り強く解決に取り組む子供を育てていきたい。

（曾我　　泉）

【参考・引用文献】

・Dewey, J.（1950）『思考の方法』植田清次訳　春秋社

・Polya, G.（1954）『いかにして問題を解くか』丸善

・Skemp, R. R.（1973）『数学学習の心理学』藤永保他訳　新曜社

・島田茂（1977）『算数・算数科のオープンエンドアプローチ』みずうみ書房

・中島健三（1981）『算数・数学教育と数学的な考え方―その進展のための考察』金子書房

・Tall, D. ／ Vinner, S.（1981）"Concept Image and Concept Definition in Mathematics with particular reference to Limits and Continuity" Educational Studies in Mathematics Vol.12 No.2 pp.151-169

・松原元一（1987）『考えさせる授業 算数・数学』東京書籍

・伊藤説朗（1987）『算数科・新しい問題解決の指導―どの子も楽しく学んで力がつく授業〈基礎編〉』東洋館出版社

・吉崎静夫（1991）『教師の意思決定と授業研究』ぎょうせい

・東京学芸大学附属小金井中学校（2007）『学び合いで輝く・伸びる・高め合う』東洋館出版社

・Brown, S. I.／Walter, M. I.（1990）『いかにして問題をつくるか―問題設定の技術』平林一栄他訳　東洋館出版社

・石井勉（2011）「□に何が入るだろう―場合の数）」『リーディングス新しい算数研究・数量関係』（新算数教育研究会編）所収 pp.260-262　東洋館出版社

・石井勉（2014）『"学び合い"でわかる算数授業づくり』明治図書

・石井勉（2015）『きちんと学んでみんなで練り上げる算数科の学び合い指導』明治図書

・石井勉・細井宏一（2016）『アクティブ・ラーニングによる算数科の学び合い』明治図書

・石井勉（2017）『授業ライブ　アクティブ・ラーニングによる算数科の学び合い』明治図書

おわりに

　学習指導要領の変わり目の時期に，石井先生から御指導を受けることができたのはメンバーにとって大きな学びであった。

　本書の内容を検討するときのメンバーの表情は真剣であり，迷いがあり，朗らかであり，真摯に授業づくりに向かっている姿が印象的だった。子供たちに力を付けるためにはどうすればよいかを考える場で，意見を交換することで，学力観について理解を進めることにつながり，授業改善を行うための方法を具体的に考えることができた。

　どんな授業をしていきたいのか，どんな授業を目指していくのかを議論していく中で，「『しかけ』でつくる算数の深い学び」というテーマに行きついた。子供たちに力を付けることを目指した議論だった。予測困難な時代を生き抜いていく子供たちを育てるためには，自分たちの授業をより良いものにしていかなければならないと考える議論だった。

　算数科における問題解決的な学習過程を見直す第1章では，日々の授業の展開の仕方を考えた。日々の授業の積み重ねが，子供たちに力を付けていくと考える。

　先生のしかけを紹介していく第2章では，より主体的な授業を展開するための教師の役割が子供たちの成長を促すことと考えた。日々の授業を改善していくための一助となることを期待している。子供たちの資質・能力の育成には，まだまだ実践を積み重ね，検討を続けていく必要があるだろう。まずは，手がかり，足がかりとして本書を利用していただきたい。

　本書を作成する機会をつくっていただき，研究を支えてくださった文教大学教授石井勉先生，明治図書の小松由梨香様はじめ，関係各位に心より感謝申し上げます。

令和2年3月

曾我　泉

【執筆者一覧】

石井　　勉（文教大学教育学部教授）

曾我　　泉（東京都青梅市立第一小学校副校長）

蓮尾　幸枝（東京都青梅市立若草小学校主幹教諭）

黒坂　悠哉（東京都三鷹市立高山小学校教諭・
　　　　　　前東京都青梅市立第四小学校）

稲葉　圭亮（東京都三鷹市立東台小学校主任教諭・
　　　　　　前東京都青梅市立若草小学校）

伊東美穂子（東京都青梅市立第六小学校教諭）

田中　秀忠（東京都青梅市立友田小学校教諭）

廣森　裕介（東京都青梅市立若草小学校教諭）

大矢亜佐子（東京都青梅市立若草小学校教諭）

難波　怜央（東京都青梅市立第三小学校教諭）

後藤　拓己（東京都青梅市立霞台小学校教諭）

桑原　一樹（東京都青梅市立第四小学校教諭）

菅　　達徳（明治大学付属中野中学・高等学校教諭）

【編著者紹介】

石井　勉（いしい　つとむ）

文教大学教育学部　教授
　前　琉球大学教育学部　准教授
　元　東京学芸大学附属小金井中学校　教諭
　　　東京都武蔵野市立第三小学校　教諭
　　　東京都大田区立糀谷小学校　教諭
勤務先　〒343－8511　埼玉県越谷市南荻島3337
　　　　文教大学教育学部学校教育課程数学専修
　　　　048（974）8811（代表）
主な著書：『授業ライブ　アクティブ・ラーニングによる算数
科の学び合い』（2017，明治図書，単著），『アクティブ・ラー
ニングによる算数科の学び合い』（2016，明治図書，編著），
『きちんと学んでみんなで練り上げる算数科の学び合い指導』
（2015，明治図書，単著），『学び合いでわかる算数授業づくり』
（2014，明治図書，単著），『小学校学級担任必携ブック』（2009,
明治図書，編著），『学び合いで輝く・伸びる・高め合う』（2007,
東洋館出版社，編著），『学ぶ力を育て合う算数科Ｔ・Ｔの授
業』（1998，明治図書，単著），『個を生かす算数科ティームティ
ーチング実践ガイド』（1995，明治図書，共著）

【著者紹介】

青梅算数研究会（おうめさんすうけんきゅうかい）

「しかけ」でつくる算数の深い学び

2020年4月初版第1刷刊　Ⓒ編著者　石　　井　　　　勉
2024年3月初版第2刷刊　著　者　青　梅　算　数　研　究　会
　　　　　　　　　　　発行者　藤　　原　　光　　政
　　　　　　　　　　　発行所　明治図書出版株式会社
　　　　　　　　　　　　　　　http://www.meijitosho.co.jp
　　　　　　　　　　　（企画）小松由梨香（校正）高梨修
　　　　　　　　　　　〒114-0023　東京都北区滝野川7-46-1
　　　　　　　　　　　振替00160-5-151318　電話03（5907）6701
　　　　　　　　　　　ご注文窓口　電話03（5907）6668

＊検印省略　　　　　　　　組版所　藤　原　印　刷　株　式　会　社

Printed in Japan　　　　　　　　　　ISBN978-4-18-327013-9
もれなくクーポンがもらえる！読者アンケートはこちらから　→